FRANK WIESNER

HANS HERRMANN STORY

FRANK WIESNER

HANS HERRMANN STORY

Motor buch Verlag

Einbandgestaltung: Wolfgang Seidl

Bildnachweis: Die meisten Bilder stammen aus dem Archiv von Hans Herrmann. Darüber hinaus hat uns das Archiv der Porsche AG Zuffenhausen und das Archiv von Daimler Untertürkheim einige Aufnahmen überlassen. Fotos kamen ausserdem von Werner und Dino Eisele, von Udo Klinkel und von Axel Niedermann. Aufgrund des Alters der Fotografien ist oftmals der Fotograf nicht mehr zu ermitteln gewesen.

ISBN 978-3-613-02871-5

1. Auflage 2008

Sie finden uns im Internet unter: www.motorbuch-verlag.de

Konzeption & Layout: Seidl-Design, Stuttgart
Produktion: Medienfabrik GmbH, Stuttgart
Druck: Rung-Druck, Göppingen
Printed in Germany

23 – MYTHOS HANS HERRMANN
DIE GLEICHUNG DES ERFOLGS

23

»DAS AUSSERORDENTLICHE GESCHIEHT NICHT AUF GLATTEM, GEWÖHNLICHEM WEGE.« DAS KLINGT BEINAHE SO, ALS OB JOHANN WOLFGANG VON GOETHE SCHON ETWAS VON DEN FRÜHEN TAGEN DES AUTOMOBILEN RENNSPORTS GEAHNT HAT. SICHER WAREN DIE STRASSEN OFT SCHLECHT, SICHER GAB ES PLÖTZLICHE HINDERNISSE, ALS HANS HERRMANN IM ALTER VON 23 JAHREN SEINE ERSTEN RENNSPORTERFAHRUNGEN SAMMELTE. UND GANZ SICHER WAREN WEDER AUTOS NOCH RENNSTRECKEN IN IRGENDEINER FORM SICHER, WENN MAN DEN HEUTIGEN STAND DER TECHNIK UND DAS LEVEL DER SICHERHEITSSTANDARDS BEI DEN RENNEN ALS VERGLEICH HERANZIEHT.

23
PORSCHE
25
20
21

»Wenn ich gewinne, höre ich auf.«

Doch die Autos waren damals keineswegs langsamer als aktuelle Rennfahrzeuge: Hans Herrmann kennt das Gefühl von Geschwindigkeiten jenseits der 300-km/h-Marke sehr gut, und zwar seit Mitte der 50er Jahre des vorherigen Jahrhunderts. Bereits der Mercedes W 196 erreichte in der Formel 1 die 300 Stundenkilometer. Gegen Ende der 60er Jahre machte man sich im Motorsport gar daran, die Barriere von 400 Stundenkilometern zu knacken – allen voran Porsche mit dem 917, Hans Herrmann im Cockpit und mit der Start-Nr. 23.

Die Kombination Herrmann/917 schreibt Rennsportgeschichte: Mit einer überlegenen Strategie fährt der Wagen 23 im Jahr 1970 den ersten Gesamtsieg für Porsche in Le Mans ein. Ein triumphaler Erfolg, der noch knapp vierzig Jahre danach den Pulsschlag schwäbischer Motorsportfreunde beschleunigt, weil hier Freude und Wehmut aufeinander treffen: Hans Herrmann beendet mit dieser Siegesfahrt seine Karriere als Rennfahrer. Erfolge feiert er weiterhin, jetzt allerdings als Unternehmer, denn wenig später gründet er gemeinsam mit seiner Frau Magdalena die Hans Herrmann Autotechnik und beliefert seither die Autoindustrie als Erstausrüster.

Am 23. Februar 2008 wird Hans Herrmann 80 Jahre alt. Die Gleichung seines erfolgreichen, aufregenden Lebensweges hat viele Parameter. Die meisten davon sind unbekannt, doch das Ergebnis dieser Erfolgsgleichung ist bekannt: Es ist die »23« und deren Quersumme 2 + 3 = 5. Die »23« begleitet Hans Herrmann auf seinem gesamten Lebensweg. Sie lässt sich obendrein von dem enormen Tempo, mit dem Hans Herrmann sein Leben lebt, nicht abschütteln. Bei vielen bedeutenden Ereignissen schaut ihm die »23« über die Schulter. Fast so wie ein guter alter Freund, den man mal eine Zeitlang nicht sieht, der aber trotzdem immer da ist, wenn man ihn braucht oder vielleicht auch gar nicht mit ihm rechnet. Hans Herrmann ist am 23. Februar, gewissermaßen schon unter dem Zeichen der »23«, geboren. Im Alter von 23 Jahren – wenige Tage vor seinem 24. Geburtstag – nimmt er an seiner ersten Motorsportveranstaltung teil, der Winterfahrt in Hessen. Start-Nr.: 235. Wobei die Fünf ebenfalls immer wieder auftaucht. Zum Beispiel bei der Mille Miglia 1956: Ein Defekt am Auto ist schuld, dass Hans Herrmann als 235. von 242 Teilnehmern Rom erreicht und ausfällt: Glück im Unglück? Beim selben Rennen verunglücken insgesamt 23 Menschen, 16 sind verletzt, 7 sterben.

Hans Herrmanns persönliche Erinnerungen:

»AN DIESEM TAG FUHR ICH ALLE DREI BORGWARD. WIE DAS GING? ALSO: ICH BIN MIT BONNIER DAS SPITZENTEAM GEWESEN, ABER UNSER AUTO IST AUSGEFALLEN. DANN HAT MAN MICH AN DIE BOX ZURÜCKGEBRACHT UND DEN MAHLE AUS DEM RENNEN GEHOLT, DAMIT ICH DESSEN AUTO ÜBERNEHME UND DAS AUTO IST WIEDER KAPUTTGEGANGEN. DANN HAT MAN MICH AUF FRITZ JÜTTNERS WAGEN GESETZT, UND WAS WAR? AUCH DER IST KAPUTTGEGANGEN. EIN CHAOSTAG.«

Als Hans Herrmann seine Frau Magdalena kennenlernt, ist diese 23 Jahre alt. Es war im Jahr 1960 bei einem Rennen am Nürburgring – Hans Herrmann fuhr einen Porsche RS 60; der Wagen ist heute in Porsche-Kreisen sehr gut bekannt als »Großmutter«. Die Startnummer an diesem Tag in der Eifel war die »23«. Zehn Jahre danach sorgt diese Begegnung für ein glückliches Ende einer fabelhaften Rennkarriere: Im Jahr 1970 startet Hans Herrmann in Le Mans zum 5. Mal in seiner Karriere mit der Nummer 23. Hans verspricht seiner Frau Magdalena: »Wenn ich gewinne, höre ich auf.« Das Ergebnis ist bekannt: Es ist der 1. Gesamtsieg für Porsche bei dem wohl bedeutendsten aller 24-Stunden-Rennen. Hans Herrmann hängt sofort den Rennhelm an den Nagel.

Doch auch nach seiner Rennkarriere bleibt ihm die 23 treu und taucht immer wieder auf. Erst unlängst im Jahr 2007 in Berlin, als er auf den aktuellen Formel-1-Piloten von Mercedes traf, Lewis Hamilton (geb. 07. 01. 1985), um mit ihm kurz vor dessen 23. Geburtstag im alten W-196-Rennwagen ein paar Runden um das Brandenburger Tor zu drehen. Herrmann übernachtete in einem schönen Hotel im 5. Stock im Zimmer 23; also: Zimmernummer 523.

23, 23, 23. Ist es Zufall, dass Hans Herrmann immer wieder mit dieser Zahl in Erscheinung tritt? Werfen wir einen Blick in die Numerologie: Dort wird die 23 als »kleinste positive natürliche Zahl« geführt, die man oft den Illuminaten zuordnet. Auch ist vom »Geheimnis der 23« die Rede, und es gibt allerhand Mythisches und Esoterisches über die 23 zu erzählen; doch bevor wir nun über die Eule der Minerva philosophieren, bleiben wir lieber bei den Fakten und bei Hans Herrmann: In der Wissenschaft weiß man, dass jede Körperzelle des Menschen dessen gesamtes Erbgut in Form von 23 Chromosomenpaaren enthält.

Die ungewöhnliche Annäherung an einen außergewöhnlichen Menschen über die »23« funktioniert im Falle von Hans Herrmann. Dieser Mann

Abb. oben
1958, Borgward RS, 1000 km Nürburgring: ausgefallen

beschreitet einen ganz außerordentlichen Lebensweg – Hans Herrmann feiert große Erfolge und bewegt sich trotzdem mit atemberaubender Geschwindigkeit oft nahe am Abgrund, was seine beiden schweren Unfälle belegen, die er wie durch ein Wunder überlebt, sodass er seinen Erfolgsweg im Zeichen der »23« weiter fortsetzen kann.

Glanzpunkte dieses Weges sind in diesem Buch beleuchtet. Der Rennfahrerlegende Hans Herrmann wohnt ein besonderer Zauber inne – Menschen, die ihm begegnet sind, wissen das. Ohne dass man genau festhalten kann, woher dieser Zauber kommt, gibt uns der alte Weggefährte, die »23«, einen ersten Anhaltspunkt. Hier, in diesem Buch, sind weitere Glanzlichter des Mythos' Hans Herrmann zu sehen – mit der »23« und auch ohne die »23«.

Abb. links oben
1967, Porsche 911, Marathon de la Route, Nürburgring, Hans Herrmann Gesamtsieger

Abb. rechts oben
1960, Porsche RS 60, 1000 km Nürburgring: Bei diesem Rennen lernt Hans Herrmann seine spätere Frau kennen

Abb. rechts unten
1970, Porsche 917, Aktuelles Sportstudio im ZDF mit Rainer Günzler

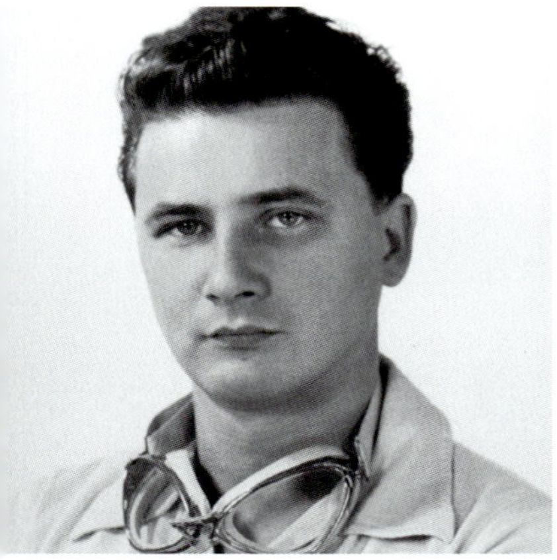

Hans Herrmanns persönliche Erinnerungen:

»OK – DAS IST IMMER DAS GLEICHE GESICHT, ABER SIE SEHEN DIE VIELEN VERSCHIEDENEN FACETTEN DES MOTORSPORTS. ES SIND GANZ UNTERSCHIEDLICHE MOMENTE DABEI. AM ANFANG KANN MAN EHER ENTSCHLOSSENHEIT SEHEN, DANN MAL FREUDE, NACHDENKLICHKEIT, ZWEIFEL UND SPÄTER AUCH GLÜCKLICHE ERSCHÖPFUNG.
ES SIND AUCH GANZ VERSCHIEDENE SITUATIONEN: MAL IM STUDIO FOTOGRAFIERT, MAL NACH DEM RENNEN, MAL DAVOR, UND SO SIEHT MAN EBEN DIE UNTERSCHIEDLICHSTEN STIMMUNGEN.«

FAHRERFREUNDSCHAFTEN
WEGGEFÄHRTEN AUF DER RENNSTRECKE

2

»DER »DICKE« WOLLTE GERNE AUCH RENNEN FAHREN, DOCH ER HATTE DAZU KEIN TALENT.«

WEGBEGLEITER

Fangio, Moss (mit verschmiertem Gesicht), Hermann Eger (im weißen Rennoverall) und ganz rechts Alfred Neubauer, der Mercedes-Rennleiter.

JOCHEN RINDT – 1942–1970 – DEUTSCH-ÖSTERREICHER

Tödlich verunglückt 1970 beim Abschlusstraining in Monza.
Er war der einzige Weltmeister der Formel 1, dem postum dieser Titel zugesprochen wurde, da in der Saison 1970 sein Punktevorsprung nach seinem Unfalltod von keinem anderen Fahrer mehr eingeholt werden konnte.

»WIR SIND GEMEINSAM BEI ABARTH GEFAHREN, DAS WAR MITTE DER 60ER JAHRE. ER WAR DAMALS NOCH RECHT UNBEKANNT, SEIN STERN WAR GERADE BEIM AUFGEHEN, ALS WIR UNS KENNENGELERNT HABEN.«

FELICE BONETTO – 1903–1953 – ITALIENER

Tödlich verunglückt 1953 bei der Carrera Panamericana.

»DER WAR SCHON EINER DER GROSSEN, ALS ICH ANFING. EIN ALTER KNOCHEN SOZUSAGEN GEGENÜBER UNS JUNGEN HÜPFERN. ER WAR BEKANNT ALS DRAUFGÄNGER. CISITALIA UND FERRARI HAT ER GEFAHREN. BEI DER CARRERA 1953 IST ER ZU SCHNELL IN EIN VADO, EINE SENKE, GEKOMMEN. DIESE VADOS WAREN WASSERABLÄUFE, DURCH DIE MAN DURCHGEFAHREN IST, SEHR TÜCKISCH. DAS WAR ETWA IN DER MITTE DER CARRERA, DER VIERTEN ODER FÜNFTEN ETAPPE. DIESE VADOS WAREN UNHEIMLICH SCHWER ZU SEHEN, MAN MUSSTE SIE SICH MERKEN. PLÖTZLICH GING ES AUF DER GERADEN STRECKE STEIL BERGAB UND AUF DER ANDEREN SEITE GLEICH WIEDER STEIL BERGAUF. WENN MAN DA ZU SCHNELL ANKAM, ALSO MIT 160 STUNDENKILOMETERN ETWA, DANN HATTE MAN KEINE CHANCE MEHR. WIE BEI EINER SCHANZE HAT MAN MIT DEM AUTO ABGEHOBEN UND IST DANN FRONTAL IN DIE GEGENÜBERLIEGENDE STEIGUNG GEKNALLT. DIE ALTEN KANNTEN DIE STRECKE, ABER DIESES VADO HATTE BONETTO OFFENBAR NICHT MEHR IM KOPF GEHABT.«

JO SIFFERT – 1936–1971 – SCHWEIZER

Tödlich verunglückt 1971 in Brands Hatch bei einem Rennen zu Ehren des WM-Siegers 1971, Jackie Stewart.

»DAS WAR EIN FEINER KERL, MIT IHM BIN ICH FAST ZWEI JAHRE LANG LANGSTRECKENRENNEN GEFAHREN, 1967 UND 1968. ALS WIR 1967 IN LE MANS MIT DEM PORSCHE 907 DEN INDEX OF PERFORMANCE GEWONNEN HABEN UND HUSCHKE VON HANSTEIN SCHNELL WEG MUSSTE, HAT HUSCHKE MIR EINEN SCHECK GEGEBEN. UNSERE SIEGPRÄMIE. DAMALS WAR ICH JA EINER DER ÄLTESTEN, UND WENN NACH EINEM RENNEN DER HUSCHKE FRÜHER WEG MUSSTE, DANN HAT ER MICH MEIST DAS ORGANISATORISCHE MACHEN LASSEN. ALSO, DEN SCHECK JEDENFALLS HABEN JO SIFFERT UND ICH DANN GLEICH EINGELÖST. ES WAR EINE GROSSE MENGE AN GELD, DA DIE INDEXWERTUNG VON IHRER BEDEUTUNG HER SEHR HOCH ANGESIEDELT UND DEMENTSPRECHEND SEHR HOCH DOTIERT WAR. ALSO, WIR BEKAMEN JEDENFALLS SEHR VIELE FRANCS, DOCH DER JOSEPH HAT TROTZDEM NACHGEZÄHLT. ES HAT NICHT GESTIMMT, WIR HATTEN ZU VIEL GELD BEKOMMEN, ALSO HABEN WIR NOCH MAL GEMEINSAM GEZÄHLT: AUF DER MOTORHAUBE UNSERES AUTOS VOR DER BANK HABEN WIR DIE SCHEINE AUSGEBREITET UND FESTGESTELLT: WIR HABEN FAST 50.000 FRANCS ZU VIEL BEKOMMEN, DAS WAREN SEINERZEIT RUND 5000 D-MARK, ALSO ETWAS MEHR ALS 2500 EURO – VIEL GELD. DA HABEN WIR UNS SCHWEIGEND ANGESCHAUT UND SIND DANN GEMEINSAM ZURÜCK IN DIE BANK. DEN KASSIERER HAT ER DANN DISKRET GEBETEN, DAS GELD ERNEUT ZU ZÄHLEN – GANZ UNAUFFÄLLIG HAT ER DAS GELD UNTERM BANKTRESEN VERSCHWINDEN LASSEN, SODASS SEINE KOLLEGEN NICHT GEMERKT HABEN, DASS ER EINEN FEHLER GEMACHT HAT – DER WAR VIELLEICHT FROH … ABER SO WAR JO SIFFERT, UND SO HABEN WIR UNS IMMER VERSTANDEN – ES WAR FÜR UNS OHNE WORTE GLASKLAR, DASS WIR DAS GELD ZURÜCKGEBEN.«

SIR STIRLING MOSS – GEB. 1929 – ENGLÄNDER

Gilt als der beste Sportwagen-, Prototypen- und Formel-1-Fahrer, der nie Weltmeister wurde.

»DER MOSS, DER WAR WIRKLICH IN ALL DEN DISZIPLINEN – ALSO SPORTWAGEN- UND FORMEL-1-RENNEN – GLEICH STARK. EIN ALLROUNDER IM RENNEN – SEHR STARK. WIR, ALSO MOSS UND ICH, WAREN BEI MERCEDES DAMALS DIE JUNGEN. FANGIO UND KLING WAREN DIE GESTANDENEN. UNVERGESSEN IST WOHL SEIN SIEG BEI DER MILLE MIGLIA 1955 MIT DEM MERCEDES 300 SLR. WOBEI MIR DAS HEUTE NOCH EIN BISSCHEN WEH TUT. MEIN BEIFAHRER BEI DIESER MILLE MIGLIA WAR HERMANN EGER, OBERMEISTER BEI MERCEDES IN DER RENN-ABTEILUNG, DER IN DER FORMEL 1 DEN WAGEN VON FANGIO BETREUTE UND NATÜRLICH AUCH DEN FAHRSTIL VON STIRLING MOSS KANNTE. DER HERMANN HAT MIR DAMALS GESAGT: ›PASS AUF, HANS, DER MOSS WIRD VON ANFANG AN BOLZEN UND SEINE BREMSEN SCHNELL VERBRAUCHEN. WENN DU DEINE BREMSEN SCHONST, HAST DU EINE CHANCE.‹ SO WAR'S AUCH. NACH DREI VIERTELN DER STRECKE WAR ICH NUR RUND FÜNFEINHALB MINUTEN ZURÜCK, UND AUF DEM LETZTEN STÜCK ZURÜCK NACH BRESCIA, BEI DEN LANGEN GERADEN MIT DEN 90-GRAD-KURVEN, BRAUCHST DU GUTE BREMSEN. DOCH SO WEIT KAM ES NICHT MEHR. MIR PLATZTE DER TANKDECKEL AM FUTA-PASS, UND DER GROSSE SHOWDOWN FIEL LEIDER AUS. ICH GLAUBE, DASS DIE STRATEGIE VON EGER UND MIR AUFGEGANGEN UND ES ZUMINDEST SEHR ENG FÜR MOSS GEWORDEN WÄRE. DENNOCH: DEM BESTEN RENNFAHRER DIESER ZEIT, JUAN MANUEL FANGIO, HAT ER BEI DIESER FAHRT 28 MINUTEN ABGENOMMEN! ES WAR DIE SCHNELLSTE MILLE MIGLIA, DIE JE GEFAHREN WURDE. DIESER RUHM GEHÖRT IHM.«

VIC ELFORD – GEB. 1935 – ENGLÄNDER

Gilt heute noch als einer der größten Langstrecken-Rallye-Fahrer in der Motorsportgeschichte. Ein Husarenstück vollbrachte er 1967, als er mit einem nagelneuen Porsche 911, der direkt aus dem Schaufenster eines Porsche-Händlers kam, in Kent das erste »Rallycross-Rennen« in der Geschichte des Motorsports gewann. Sein größter Erfolg war der Gewinn der Rallye Monte Carlo 1968 auf Porsche. Auch in Steve McQueens »Le-Mans«-Film ist er als Rennfahrer in Aktion zu sehen. Heute lebt »Quick Vic« als Pensionär in Florida.

»DER ELFORD, DER KONNTE ALLES FAHREN. RALLYE, RUNDKURS, BEI DEM WAR ES EGAL, DER KONNTE IMMER MITHALTEN. ABER DER MENSCH WAR IHM IMMER WICHTIG. IN LE MANS HAT ER EINMAL WÄHREND DES RENNENS SEIN AUTO ABGESTELLT, WEIL ER GESEHEN HAT, DASS EIN KOLLEGE IN NOT WAR. DA HAT EIN AUTO GEBRANNT. ELFORD HAT ANGEHALTEN UND DEN FAHRER AUS DEM BRENNENDEN AUTO HERAUSGEZOGEN. ELFORD WAR AUCH DABEI, ALS WIR MIT DEM 2,2-LITER-PORSCHE 1968 DIE 24 STUNDEN VON DAYTONA ZUM ERSTEN MAL FÜR PORSCHE GEWONNEN HABEN.«

RICO STEINEMANN – 1941–2004 – SCHWEIZER

Starb nicht bei einem Autorennen. In seine Zeit als Porsche-Rennleiter fällt der 1. Gesamtsieg von Porsche im Jahr 1970 in Le Mans.

»RICO STEINEMANN WAR EIGENTLICH JOURNALIST. ALS HUSCHKE VON HANSTEIN GING, WURDE ER RENNLEITER BEI PORSCHE, ABER MIT DEM KONNTEN WIR GUT. JO SIFFERT UND ICH, WIR HABEN GESAGT, WAS WIR MACHEN, UND ER HAT ES ABGENICKT.«

RICHARD ATTWOOD – GEB. 1940 – ENGLÄNDER

Richard Attwood, genannt »Dick«, feierte 1970 gemeinsam mit Hans Herrmann den ersten Gesamtsieg von Porsche bei den 24 Stunden von Le Mans. Die beiden teilten sich in der Rennsaison 1970 das Porsche-Cockpit, bis Hans Herrmann nach dem historischen Le-Mans-Sieg sofort seine Rennfahrerkarriere beendete. Attwood lebt heute in England.

»DICK WAR MEIN PARTNER IN MEINEM LETZTEN RENNEN. ER IST EIN GANZ RUHIGER, ZUVERLÄSSIGER MENSCH. ICH BIN GERNE MIT IHM GEFAHREN. DICK HAT HEUTE NOCH EINEN PORSCHE 917 IN SEINER GARAGE.«

Die Herren von links nach rechts:

Jean Guichet (F), Paul Frère (B), Nanni Galli (I), Dan Gurney (USA), Clay Regazzoni (CH), Gino Munaron (I), Hermano da Silva Ramos (BR), Nino Vaccarella (I), Roy Salvadori (GB), Gino Valenzano (I). Theo Huschek (Ö), Jacques Swaters (NL), Hans Herrmann (D), Tony Gaze (AUS), Howden Ganley (NZ), Mike Sparken (F), Robert Manzon (F), Henry Taylor (GB), Stirling Moss (GB), Bernard Cahier (F), Phil Hill (USA), Tony Brooks (GB), Cliff Allison (GB), Reine Wisell (S).

»DIES IST EINE AUFNAHME VOM ›CLUB INTERNATIONAL DES ANCIENS PILOTES DE GRAND PRIX F.1.‹ ALSO: HIER SIND DIE EHEMALIGEN FORMEL-1-PILOTEN VEREINIGT, DIE WÄHREND IHRER AKTIVEN ZEIT AUCH PUNKTE EINGEFAHREN HABEN. ZU DEN GRÜNDUNGSMITGLIEDERN ZÄHLEN UNTER ANDEREM LOUIS CHIRON, JUAN MANUEL FANGIO UND PAUL FRÈRE. ZUM EHRENKOMITEE GEHÖRT UNTER ANDEREM DER AUTOFAN SEINE MAJESTÄT DER KÖNIG JUAN CARLOS VON SPANIEN. UNTER DEN EHRENMITGLIEDERN FINDEN SIE JOHN COOPER, BRIGGS CUNNINGHAM, RON DENNIS, BERNIE ECCLESTONE, ALEXANDER HESKETH, ROGER PENSKE, ROLAND PEUGEOT, KEN TYRRELL UND ROB WALKER. EINMAL IM JAHR HABEN WIR GENERALVERSAMMLUNG IN MONTE CARLO – NATÜRLICH ZUM FORMEL-1-RENNEN –, TROTZDEM TREFFEN WIR UNS ABER NOCH EIN- BIS ZWEIMAL JÄHRLICH.«

DIETER GLEMSER – GEB. 1939 – DEUTSCHER

Glemsers größter Erfolg ist der Gewinn der Tourenwagen-Europameisterschaft 1971. Zu Beginn seiner Karriere in den frühen 60ern fuhr er einen Porsche 356. Mit einem Mercedes 220 SE gewann er 1963 die Polen-Rallye. Anfang der 70er Jahre fuhr Glemser erfolgreich für Ford.

»PROF. HELMUTH BOTT HAT MICH 1966 GEFRAGT: ›WILLST DU MIT DEM GLEMSER FAHREN?‹ ES GING UM DEN EINSATZ BEI DER TARGA FLORIO. ICH HATTE NICHTS DAGEGEN. BEI DER TARGA FLORIO DANN HABEN WOLKENBRÜCHE EINEN KLEINEN ERDRUTSCH VERURSACHT, AN DIESER STELLE HAT GLEMSER DAS AUTO – EINEN PORSCHE 906 E – HERAUSGEHAUEN. BEIM ZWEITEN EINSATZ IN SPA WAR ICH GERADE AM STEUER, ALS EINE FELGE, EIN RAD, EINFACH BRACH. DIE PORSCHEMECHANIKER HATTEN VERSEHENTLICH EIN SPEZIELLES LEICHTMETALLRAD AUFGEZOGEN, WELCHES EINE MAXIMALE HALTBARKEIT VON 200 KILOMETERN HATTE. DIESES RAD WAR NUR FÜR BERGRENNEN KONSTRUIERT UND WURDE AUCH NUR DORT EINGESETZT. ICH ERINNERE MICH, WIE BOTT DAMALS KOPFSCHÜTTELND ZU MIR SAGTE: ›INTERESSANT, IM RENNEN HÄTTE DAS RAD VIEL FRÜHER BRECHEN MÜSSEN‹ – WAS NATÜRLICH SEHR BERUHIGEND FÜR MICH WAR. BEIM DRITTEN EINSATZ AM NÜRBURGRING HAT GLEMSER WIEDER EINEN UNFALL GEBAUT. EINEN VIERTEN EINSATZ GAB ES NICHT – ABER SONST WAR ER EIN NETTER KERL.«

ROLF JOHANN STOMMELEN – 1943–1983 – DEUTSCHER

Verunglückt am 24. April 1983 tödlich auf dem »Riverside International Raceway« in Kalifornien in einer speziellen IMSA-Version des Porsche 935. Ursache ist der Bruch seines Heckflügels.

»ROLF STOMMELEN – ER KAM ALS JUNGER BURSCHE ZU UNS INS PORSCHE-TEAM. ER HAT 1964 MIT EINEM PRIVATEN 904 GTS EIN PAAR BERGRENNEN GEFAHREN UND WAR 1965 SCHON IN LE MANS MIT DIESEM AUTO. JA, JA – DET ROLF VON KÖLLE – SPARSAM WAR ER – SCHLIMM WIE EIN SCHWABE. ALS ER EINE KÜCHE BENÖTIGTE, HAT ER BEI BOSCH ANGERUFEN UND VERSUCHT, MIT SEINEM DAMALS BEKANNTEN NAMEN PROZENTE HERAUSZUHANDELN. ›WISSEN SIE, ICH BIN DAT, DE ROLF STOMMELEN AUS KÖLN‹, HAT ER GESAGT.«

KURT AHRENS – GEB. 1940 – DEUTSCHER

Der gebürtige Braunschweiger gewinnt zusammen mit Jo Siffert 1969 in einem Porsche 917 die 1000 km von Zeltweg/ Österreich. Lebt in Deutschland.

»DER KURT WAR EINIGE JAHRE WERKSPILOT BEI PORSCHE. ABER VOR ALLEM IN DER FORMEL II UND BEI LANGSTRECKENRENNEN WAR ER IMMER SEHR SCHNELL. DER KURT WAR EIGENTLICH IMMER NUR ›HOBBYPILOT‹ – WERKTAGS MUSSTE ER IM VÄTERLICHEN BETRIEB, EINER ALTEISENVERWERTUNG, ARBEITEN. MIT IHM VERBINDET MICH EINE LANGJÄHRIGE FREUNDSCHAFT. WENN ER IN DER NÄHE IST, ÜBERNACHTET ER BEI MIR IM HAUS. ZULETZT HABEN WIR UNS 2007 BEI DER ENNSTAL-CLASSIC GETROFFEN.«

GERARD LARROUSSE – GEB. 1940 – FRANZOSE

Als Rennfahrer feierte der studierte Betriebswirtschaftler seinen größten Erfolg 1971: Zusammen mit Vic Elford siegte er im Porsche 917 bei den 12 Stunden von Sebring. Als Motorsportchef von Renault in den Jahren 1976 bis 1985 fuhr er mit seinem Team 15 Siege ein. Er arbeitet heute noch als Berater in der Automobilindustrie.

»GERARD WAR JA 1969 MEIN TEAMKOLLEGE BEI DEM LEGENDÄREN DUELL IN LE MANS ZWISCHEN MIR IM PORSCHE 908 UND JACKIE ICKX IM FORD GT 40. ICH ERINNERE MICH AN SEINE HERVORRAGENDE KONDITION – DER KONNTE STUNDENLANG FAHREN, OHNE NACHZULASSEN.«

PEDRO RODRIGUEZ – 1940–1971 – MEXIKANER

Sportwagenweltmeister 1970 mit dem Porsche 917. Er verunglückte am 11. Juli 1971 auf dem Norisring in der zwölften Runde bei einem Unfall in einem Ferrari 512 P, den er sich von dem Schweizer Rennfahrer Herbert Müller geliehen hatte.

»DIE FAMILIE RODRIGUEZ HATTE SILBERMINEN IN MEXIKO, ER WAR ALSO FINANZIELL UNABHÄNGIG. ICH KANNTE DIE BEIDEN, SEIT SIE TEENAGER WAREN, VON DER CARRERA PANAMERICANA HER. PEDROS BRUDER RICARDO IST 1962 BEI EINEM UNFALL IM TRAINING ZUM GROSSEN PREIS VON MEXIKO GESTORBEN. TROTZDEM FUHR PEDRO WEITER. ER IST AUCH VIEL FÜR JOHN WYER GEFAHREN, ALSO FÜR DAS TEAM, DAS MEINEM SCHWAGER JOHN WILLMENT GEHÖRTE.«

»MIT DEM HERBERT VERBINDET MICH EINE FREUNDSCHAFT, DIE UNSER GANZES LEBEN LANG GEHALTEN HAT. DAS IST SELTEN IM RENNSPORT. DIE BEKANNTESTE GESCHICHTE VON UNS ZWEIEN IST WOHL DIE SACHE BEI DER MILLE MIGLIA 1954, ALS WIR WÄHREND DES RENNENS UNTER DEN GESCHLOSSENEN BAHNSCHRANKEN HINDURCHGEFAHREN SIND. WIR WAREN DESHALB SO GUT, WEIL HERBERT DAS ROADBOOK PERFEKTIONIERT HATTE. ER HATTE DIE STRECKE GENAU DOKUMENTIERT, UND DAS VERSCHAFFTE UNS EINEN VORTEIL GEGENÜBER DER KONKURRENZ, SODASS WIR KLASSENSIEGER GEWORDEN SIND. KENNENGELERNT HABEN WIR UNS 1953, ALS ICH MIR EINEN 356ER PORSCHE GEKAUFT HATTE. ES GAB KAUM JEMANDEN, DER SICH MIT DEM AUTO BESSER AUSGEKANNT HAT ALS ER. WENN ES EIN PROBLEM GAB, HABE ICH MIR ERSTE HILFE BEI IHM GEHOLT. ER WAR AUCH AM 4. JULI 1954 DABEI, ALS ICH BEIM WIEDEREINSTIEG VON MERCEDES-BENZ IN DIE FORMEL 1 MEINEN ERSTEN EINSATZ IN DER KÖNIGSKLASSE HATTE UND DIE SCHNELLSTE RUNDE FUHR. ÜBRIGENS: DIE EHRENMEDAILLE, DIE ICH DAMALS FÜR DIESE SCHNELLSTE RUNDE VON DER STADT REIMS BEKOMMEN SOLLTE, IST IRGENDWO BEI UNSEREM DAMALIGEN RENNLEITER ALFRED NEUBAUER VERSICKERT UND BIS HEUTE NICHT MEHR AUFGETAUCHT. ICH WÜSSTE GERNE, WO SIE IST.«

HERBERT LINGE – GEB. 1928 – DEUTSCHER

Der Weissacher hat als Rennfahrer und Mechaniker jahrzehntelang den Motorsport für Porsche geprägt. Schon 1954 siegte er bei der Rallye Lüttich–Rom–Lüttich. In dem legendären Rennfahrer-Film »Le Mans« doubelte er den Hauptdarsteller Steve McQueen im Jahr 1970. Linge gründete die ONS-Staffel und war als rechte Hand von Bernie Ecclestone über 15 Jahre lang verantwortlich für die Sicherheit in der Formel 1.

GERHARD MITTER – 1935–1969 – DEUTSCHER

Mitter war von 1966 bis 1968 Berg-Europameister als Werksfahrer von Porsche. Auf einem Formel-2-Wagen von BMW erlitt er vor dem Großen Preis von Deutschland auf dem Nürburgring 1969 am Schwedenkreuz einen tödlichen Unfall. Ursache war eine fehlerhaft montierte Lenkung – BMW trug die Konsequenz und zog seine Formel-2-Wagen sofort vom Start zurück.

»DER MITTER WAR EIN SAUEHRGEIZIGER TYP. DER IST OFT NACH DEM MOTTO GEFAHREN ›JETZT KOMME ICH‹. ER WAR SEHR SCHNELL, OFT ZU SCHNELL. MAN HAT IHN WEGEN SEINES FAHRSTILS OFT ANGEGRIFFEN, ABER ICH HABE IHN GEMOCHT UND AUCH IMMER VERTEIDIGT. ZU SEINEN EHREN FINDET IN CALW JEDES JAHR DIE GERHARD-MITTER-GEDÄCHTNIS-RALLYE STATT.«

PHIL HILL – GEB. 1927 – US-AMERIKANER

Er war der erste Formel-1-Weltmeister aus den USA, und zwar 1961 auf Ferrari. Es war das Jahr, in dem sein Team-Kollege Wolfgang Berghe von Trips im vorletzten Rennen als führender der WM-Wertung tödlich verunglückte. Hill errang drei Mal den Gesamtsieg bei den 24 Stunden von Le Mans – jeweils für Ferrari im Team mit Olivier Gendebien. Später arbeitete er als Kommentator für ABC. Heute fungiert er als Präsident des »Club International des Anciens Pilotes de Grand Prix F.1« und baut zusammen mit dem australischen Architekten Bob Barnard in Savannah eine moderne und sichere Rennstrecke, die aus zwei Kursen besteht und in 16 Variationen befahren werden kann.

»PHIL HILL KENNE ICH ALS SEHR NETTEN MENSCHEN. ER IST HEUTE UNSER PRÄSIDENT UND LEBT IN L.A. DA MEIN SOHN AUCH DORT LEBT, SEHE ICH PHIL, SO OFT ICH KANN.«

JUAN MANUEL FANGIO – 1911–1995 – ARGENTINIER

Fangio gilt bis heute als einer der erfolgreichsten Rennfahrer aller Zeiten. Er wurde mit nur 51 Grand-Prix-Starts fünf Mal Formel-1-Weltmeister; zwei Mal davon mit den Silberpfeilen von Mercedes-Benz (1954 und 1955). Er gewann dabei 24 Grand-Prix-Rennen: Diese Erfolgsquote ist immer noch unerreicht.

»FANGIO WAR FÜR MICH DER RENNFAHRER, DER CHARAKTER, KURZUM: EIN VORBILD. ER STAMMTE AUS EINFACHEN VERHÄLTNISSEN, TROTZDEM: ER HATTE EINE RIESENAUSSTRAHLUNG. WENN ER EINEN RAUM BETRAT, DANN MERKTE MAN SOFORT: HIER IST EIN AUSSERGEWÖHNLICHER MANN. FANGIO HAT MIR VIEL GEHOLFEN, MIR TRICKS GEZEIGT, ER IST MIR HINTERHERGEFAHREN UND HAT MIR DANN ERKLÄRT: ›DIESE KURVE MUSST DU SO NEHMEN, DIE NÄCHSTE ANDERS‹, UND SO HAT ER MICH UNTERSTÜTZT. ICH ERINNERE MICH AN 1955 IN ARGENTINIEN, ALS MOSS, KARL KLING, ER UND ICH FÜR MERCEDES GEFAHREN SIND. ZEHN MINUTEN VOR TRAININGSSCHLUSS WAREN MEINE REIFEN RUNTERGEFAHREN, ICH HÄTTE MICH ALSO NICHT MEHR VERBESSERN KÖNNEN. FANGIO HAT DAS GESEHEN, UND DA GING ER ZUM RENNLEITER NEUBAUER UND SAGTE, MAN SOLLE SEINE REIFEN AUF MEIN AUTO MONTIEREN, SCHLIESSLICH SEIEN SEINE REIFEN NOCH GUT. ALSO: ER WAR EIN MANN VON UNGLAUBLICHER GRÖSSE. OFT HABEN WIR GEMEINSAM BEI UNS IM HAUS MITEINANDER GEGRILLT. WENN ER IN STUTTGART WAR, KAM ER ZU MIR. AUCH SPÄTER, ALS ICH DIE HANS HERRMANN AUTOTECHNIK HATTE, HAT ER MICH BEI DER IAA AM STAND BESUCHT. AUCH PIËCH KAM ÜBRIGENS IMMER UND ERKUNDIGTE SICH: ›NA, HERR HERRMANN, WIE GEHEN DIE GESCHÄFTE?‹ NEIN, SO EINEN TYP WIE DEN FANGIO GIBT ES NICHT NOCH EINMAL.«

JOCHEN MASS – GEB. 1946 – DEUTSCHER

Der Seemann fuhr von 1973 bis 1982 insgesamt 106 Rennen in der Formel 1. Er war bis zur Ära Schumacher der erfolgreichste deutsche Formel-1-Pilot mit insgesamt 71 WM-Punkten. Seine größten Erfolge im Motorsport feierte er 1975 bei seinem Formel-1-Sieg in Barcelona und 1989, als er zusammen mit Manuel Reuter und Stanley Dickens auf einem C9-Sauber-Mercedes die 24 Stunden von Le Mans gewann.

»JOCHEN MASS IST EIGENTLICH EIN SCHÜLER VON MIR, WENN MAN ES MAL GANZ GENAU NIMMT. ER FUHR JA EIGENTLICH ZUR SEE, ABER IRGENDWIE HATTE ES IHM DER RENNSPORT ANGETAN. ICH GAB DAMALS KURSE FÜR BP UND PIRELLI AUF VERSCHIEDENEN RENNSTRECKEN IN DEUTSCHLAND. ES WAREN LEHRGÄNGE FÜR NACHWUCHSRENNFAHRER, UND JOCHEN MASS HAT AN SO EINEM KURS TEILGENOMMEN. ER FIEL MIR AUF, WEIL ER SO SCHNELL WAR, GERADE HIER AM NÜRBURGRING.«

BRIAN REDMAN – GEB. 1937 – ENGLÄNDER

1970 gewinnt er mit einem Porsche 908 die Targa Florio. Redman ist Mitherausgeber eines Automagazins und lebt in Florida.

»BEI EINER JUBILÄUMSVERANSTALTUNG DER TARGA FLORIO WAREN STRECKENABSCHNITTE IN DEN DÖRFERN NEUTRALISIERT. BEI DIESEM RENNEN, DAS ETWA 20 JAHRE NACH DEM ENDE DER TARGA VERANSTALTET WURDE, WOLLTEN PIËCH UND BOTT DREI WERKSPORSCHE FAHREN SEHEN. ES WAR EIN ECHTES RENNEN, BEI DEM DIE ITALIENER IM GEGENSATZ ZU FRÜHER EBEN AUF DEM RUND 70 KILOMETER LANGEN RUNDKURS DIE ORTSDURCHFAHRTEN DURCH DIE VIER, FÜNF DÖRFER NEUTRALISIERT HATTEN. DIE ZÄHLTEN ALSO NICHT ZUM EIGENTLICHEN RENNEN, SONDERN MAN SOLLTE LANGSAM DURCH DIE ORTSCHAFTEN DURCHFAHREN. BEI DIESEM RENNEN TEILTEN BRIAN REDMAN UND ICH UNS EIN AUTO – UND WIR GEWANNEN. DER SIEG WAR EINE RIESENFREUDE, WEIL ES RECHT KNAPP WAR – WIR HATTEN NUR FÜNFEINHALB SEKUNDEN VORSPRUNG. MIR FÄLLT IN DIESEM ZUSAMMENHANG BRIAN REDMAN EIN, WEIL DER SICH IMMER SO ZEIT LIESS BEI DIESEN ORTSDURCHFAHRTEN – DA WAR ER GANZ LOCKER. DOCH KAUM AM ORTSSCHILD, HATTE ER WIEDER VOLLE KONZENTRATION UND GAB KRÄFTIG GAS. WALTER RÖHRL UND HERBERT LINGE FUHREN DAMALS ÜBRIGENS AUCH FÜR PORSCHE. JA, JA DER BRIAN: BEI EINEM UNFALL FRÜHER – BEI EINEM ANDEREN RENNEN – HATTE ER SICH DAS GESICHT MAL VERBRANNT. ICH MOCHTE IHN.«

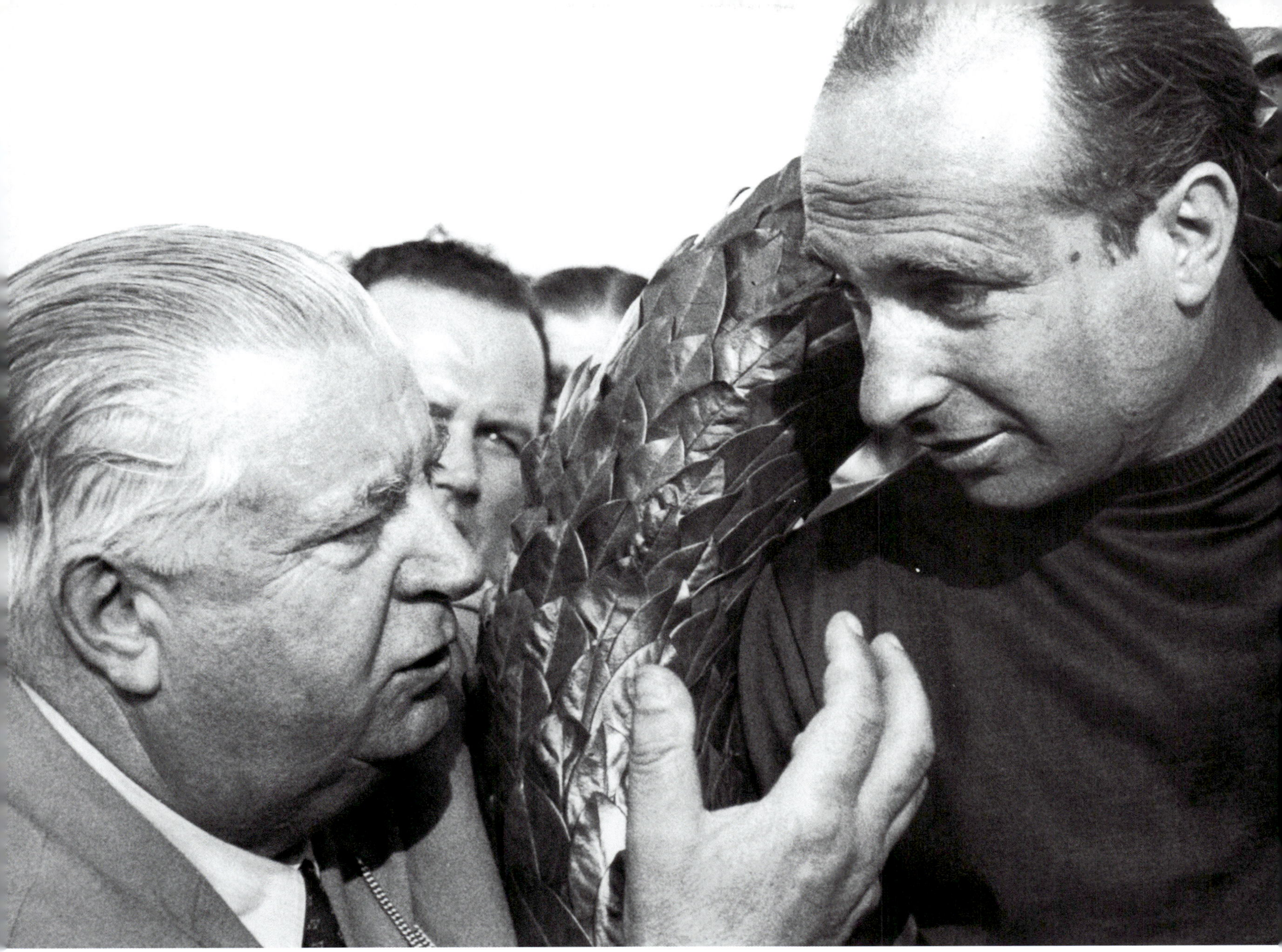

»DAS SIND ALFRED NEUBAUER UND JUAN MANUEL FANGIO. ÜBER MEINE BEZIEHUNG ZU ALFRED NEUBAUER (1891–1980), DEN LEGENDÄREN RENNLEITER VON MERCEDES-BENZ WÄHREND DER SILBERPFEIL-ÄRA, GIBT ES VIEL ZU ERZÄHLEN. DA KOMMEN WIR SPÄTER NOCH DRAUF. AUF ALLE FÄLLE WAR DER VOLUMINÖSE NEUBAUER EIN MITARBEITER DES ALTEN PROF. FERDINAND PORSCHE. ALS PORSCHE 1923 ALS KONSTRUKTEUR ZUR DAIMLER-MOTOREN-GESELLSCHAFT GING, NAHM ER NEUBAUER MIT. ›DER DICKE‹, WIE NEUBAUER VON UNS AUCH GERNE GENANNT WURDE, WOLLTE GERNE AUCH RENNEN FAHREN, DOCH ER HATTE EHRLICH GESAGT DAZU KEIN TALENT. UM DENNOCH RENNSPORT BETREIBEN ZU KÖNNEN, ERFAND ER FÜR SICH SELBST 1926 DIE IDEALE POSITION: DEN POSTEN DES RENNLEITERS. AUF IHN GEHT DAS SYSTEM MIT DEN FAHNEN UND TAFELN ZURÜCK, MIT DENEN ER SEINEN RENNFAHRERN WÄHREND DES RENNENS TAKTISCHE HINWEISE GEBEN KONNTE UND MIT DENEN ER IHNEN AUCH MITTEILEN KONNTE, WIE SIE IM RENNEN LAGEN. SEINE MECHANIKER HAT ER FAST SCHON MILITÄRISCH GEDRILLT. ALSO JEDENFALLS: DA GIBT ES NOCH VIEL ZU ERZÄHLEN.«

»HIER SITZEN WIR WIE DIE HENNEN AUF DER STANGE – VON LINKS: LUDOVICO SCARFIOTTI, ÜBRIGENS DER NEFFE DES ERSTEN FIAT-PRÄSIDENTEN, JOCHEN NEERPASCH, JO SIFFERT, GERHARD MITTER, ICH MIT DER SONNENBRILLE, ROLF STOMMELEN, VIC ELFORD, JOE BUSETA. ALSO IM PRINZIP DAS ERFOLGREICHE PORSCHE-TEAM, DAS 1968 ERSTMALS MIT DEN 907ERN DIE 24 STUNDEN VON DAYTONA GEWONNEN HAT.«

UDO SCHÜTZ – GEB. 1937 – DEUTSCHER

War nur acht Jahre lang Rennfahrer, fast nur für Porsche. Sein größter Erfolg ist die Langstreckenweltmeisterschaft 1969. Als sein Freund und Rennpartner Gerhard Mitter starb, hängte er den Rennhelm konsequent an den Nagel. Er widmete sich verstärkt dem Segeln und hatte dabei ebenfalls Erfolg. Seine Yacht Container gewann alle wichtigen Wettbewerbe, auch den Admiral's Cup. »Der Stier von Selters«, wie Udo Schütz wegen seines hünenhaften Auftritts genannt wurde, lebt nach wie vor in Selters im Westerwald.

»UDO SCHÜTZ IST EIN GUTER FREUND. EIN HOCH ZUVERLÄSSIGER UND SCHNELLER KERL. WAS ER SICH VORNAHM, DAS HAT ER DURCHGESETZT. UDO SCHÜTZ HATTE EIN UNTERNEHMEN, DAS CONTAINER, BEHÄLTER, TANKS UND SOLCHE DINGE AUS PLASTIK UND METALL PRODUZIERTE, AUCH FÜR DIE AUTOINDUSTRIE. UDO HAT ZUM BEISPIEL DIE AUSGLEICHSBEHÄLTER FÜR DEN BENZINTANK GELIEFERT. ER WAR STARK, LIESS SICH NIE DEN PREIS DIKTIEREN. BEI PREISVERHANDLUNGEN MIT DER INDUSTRIE STAND ER AUF UND GING RAUS, DANN BIN ICH RAUS UND HABE IHN WIEDER REINGEHOLT. ZWEI, DREI MAL GING DAS SO. ›ICH LASSE MIR DOCH NICHT DEN PREIS DIKTIEREN‹, HAT ER GESAGT. ALS ER GANZ AM ANFANG SEINER KARRIERE ALS UNTERNEHMER STAND, SO UM 1960 MUSS DAS GEWESEN SEIN, DA SAGTE ER ZU SEINER FRAU: ›UND HIER, ELSE, LASS ICH MAL DEN ZUG VORBEIFAHREN, DER UNSERE CONTAINER ABHOLT.‹ DIE HAT DAMALS BESTIMMT GEDACHT: ›DER KERL MUSS VERRÜCKT GEWORDEN SEIN!‹, DOCH GENAU SO IST ES GEKOMMEN. HEUTE HAT SEIN BETRIEB KNAPP 2500 MITARBEITER. SEINE PRODUKTE GEHEN IN DIE GANZE WELT.«

ANDREAS NIKOLAUS LAUDA – GEB. 1949 – ÖSTERREICHER

Der dreimalige Formel-1-Weltmeister (1975, 1977, 1984) ist heute erfolgreicher Unternehmer und Fernsehkommentator bei Formel-1-Sendungen. Neben seinen drei Weltmeistertiteln wurde Lauda vor allem auch durch seinen fürchterlichen Unfall beim Großen Preis von Deutschland auf dem Nürburgring 1976 berühmt, bei dem er schwere Verletzungen erlitt. Lauda machte sich allerdings schon vor dem Unfall permanent für mehr Sicherheit im Rennsport stark und unterstützte die ONS-Sicherheitsstaffel von Herbert Linge.

»NIKI LAUDA HAT JA IM PRINZIP ANGEFANGEN, ALS ICH AUFGEHÖRT HABE. ER STAMMT ÜBRIGENS AUCH AUS DER FORMEL V, DEREN PRÄSIDENT ICH JA NACH MEINER RENNKARRIERE GEWORDEN BIN. WIR WAREN UNS VON ANFANG AN SYMPATHISCH UND STEHEN AUCH HEUTE NOCH IN LOSEM KONTAKT MITEINANDER. LAUDA HAT SICH AUCH SEHR STARK FÜR MEHR SICHERHEIT ENGAGIERT. WIE ICH HAT AUCH ER MEHRERE SPEKTAKULÄRE UNFÄLLE ÜBERLEBT. LAUDA BETREIBT MIT NIKI EINE EIGENE FLUGLINIE, DIE, SOWEIT ICH WEISS, MIT AIR BERLIN IN KOOPERATION STEHT.«

JACKIE STEWART – GEB. 1939 – SCHOTTE

Drei Mal wurde der Mann aus Dunbartonshire Formel-1-Weltmeister (1969, 1971, 1973). Stewart war nach seiner Rennkarriere zwanzig Jahre lang Fernsehkommentator. Mit 27 Siegen aus »nur« 99 Rennen hielt er eine Zeitlang den Rekord in der Formel 1. Sein 100. Rennen sollte gleichzeitig sein letztes werden, doch durch den Tod seines Teamkameraden Francois Cévert beim Training zum Großen Preis der USA verzichtete der damalige Teamchef Ken Tyrell auf einen Start und Jackie Stewart blieb bei 99 Grand-Prix-Einsätzen stehen.

»JACKIE STEWART WAR EINER DER JUNGEN, ALS ICH MITTE DER 60ER BEREITS EIN ALTER HASE WAR. WIE NIKI LAUDA SETZTE ER SICH PERMANENT FÜR MEHR SICHERHEIT IM RENNSPORT EIN UND WAR EBENFALLS EINER DER GROSSEN BEFÜRWORTER FÜR HERBERT LINGES ONS-STAFFEL. SEIT SEINEM UNFALL 1966, BEI DEM ER IM AUTO EINGEKLEMMT WAR UND SICH AUSLAUFENDES BENZIN ÜBER IHN ERGOSS, HAT ER SICH NOCH MEHR FÜR MEHR SICHERHEIT EINGESETZT. ER BRACHTE AUCH SEINEN EIGENEN ARZT MIT ZUM RENNEN. AUF SEINE INITIATIVE HIN SIND EIN HERAUSNEHMBARES LENKRAD UND EIN ZENTRALSCHALTER FÜR DIE KOMPLETTE ELEKTRIK INKLUSIVE BENZINPUMPE ZUM STANDARD BEI RENNWAGEN GEWORDEN. AUCH DEN AUSBAU VON AUSLAUFZONEN UND SOLCHE DINGE HAT ER STARK BEFÜRWORTET UND AUCH HINTER DEN KULISSEN IMMER WIEDER DRUCK AUSGEÜBT, DAMIT MEHR IN DIE SICHERHEIT VON RENNSTRECKEN UND RENNAUTOS INVESTIERT WIRD. JACKIE STEWART IST EIN SEHR NETTER KERL, UND WIR HABEN AUCH HEUTE NOCH KONTAKT ZUEINANDER.«

MAN MUSS IHN EINFACH MÖGEN …
VORWORT VON DR. DIETER ZETSCHE

3

MEINE ERSTEN BEGEGNUNGEN HATTE ICH NICHT MIT DEM RENNFAHRER, SONDERN MIT DEM UNTERNEHMER HANS HERRMANN. ALS ICH ANFANG DER NEUNZIGER JAHRE ZUM ENTWICKLUNGSCHEF DER DAMALIGEN MERCEDES-BENZ AG BERUFEN WURDE, LIEFERTE DIE »HANS HERRMANN AUTOTECHNIK GMBH« UNTER ANDEREM DIE DIEBSTAHL-WARNANLAGEN FÜR UNSERE FAHRZEUGE.

DEZ

Kennengelernt habe ich damals einen sympathischen und energischen Mann, der nicht nur auf der Rennstrecke, sondern auch im Berufsleben Vollgas gab – und das sollte noch lange so bleiben. »Altersteilzeit« ist für Hans Herrmann zeitlebens ein Fremdwort geblieben, Arbeitszeiten von zehn Stunden und mehr am Tag kannte er dagegen auch im Alter von 75 Jahren noch sehr genau, nicht immer zur Freude seiner Frau. Geschäftsreisen – auch ins europäische Ausland – unternahm Hans Herrmann selbstverständlich nicht mit dem Flugzeug, sondern mit dem Auto, übrigens einem hinreichend motorisierten Mercedes. Bevorzugt ging die Reiseroute über Landstraßen, wegen der schöneren Kurven.

Aus dem geschäftlichen Kontakt hat sich eine Freundschaft entwickelt, die noch immer Bestand hat. Es wäre auch schwer, Hans Herrmann nicht zu mögen: Auch heute noch kann er strahlen wie ein Teenager. Herrmann hat sich alles bewahrt, was im Leben wichtig ist: den Spaß am Lachen, die Lebensfreude und nicht zuletzt die Fröhlichkeit und Aufgeschlossenheit im Umgang mit anderen Menschen. Er hat sich aber auch die nötige Bescheidenheit erhalten, die gerade diejenigen brauchen, denen große Erfolge vergönnt sind. Und er ist ein Genussmensch, bei dem man sofort spürt, dass er Talent und Leidenschaft stets höher geschätzt hat als übertriebene Askese – auch beim Autofahren.

Nicht nur auf der Rennstrecke passt also der Spitzname »Hans im Glück« hervorragend zu Hans Herrmann – aber ganz sicher auch dort. Schließlich können nur wenige Menschen von sich behaupten, schon einmal mit ihrem Fahrzeug 70 Meter durch die Luft geflogen zu sein und sich dabei nur den kleinen Finger gebrochen zu haben. Danach fährt nur einer weiter, dem der Motorsport alles bedeutet. Bei Hans Herrmann war das der Fall. Rennfahrer, so hat er einmal erzählt, wollte er schon als kleiner Bub werden, vielleicht auch, weil er neben der legendären Rennstrecke Solitude in der Nähe von Stuttgart groß geworden ist. Genau auf dieser stieg Herrmann dann auch das erste Mal selbst in einen Mercedes-Rennwagen, und zwar in dem Jahr, in dem ich geboren wurde. Mercedes plante damals die Rückkehr in die Formel 1 und wollte jungen Fahrern eine Chance geben. Herrmann nutzte sie: Er fuhr so gut, dass ihn der legendäre Mercedes-Rennleiter Alfred Neubauer sofort ins Grand-Prix-Team aufnahm.

Nur ein Jahr später, 1954, gingen die legendären »Silberpfeile« wieder in der Formel 1 an den Start. Herrmann war als junger Fahrer damals nicht nur dabei, er fuhr auch die schnellste Runde des Rennens in Reims. Angesichts seines jungen Alters kam dieser Erfolg nicht nur für andere überraschend, sondern auch für ihn selbst. Auch heute noch kann er sich darüber ein wenig wundern, wie er selber sagt.

Sein Erfolgsrezept hat er einmal so beschrieben: »Ich bin ins Auto gestiegen und habe Gas gegeben.« Diese Haltung steht für eine ganze Epoche des Motorsports – eine Epoche mit weniger Hochtechnologie, aber dafür mehr Risiko. Hans Herrmann hat diese Epoche durch seine fahrerischen Leistungen mitgeprägt.

Der Marke Mercedes-Benz ist Herrmann bis heute treu geblieben – als Geschäftspartner, als Probefahrer, als gern gesehener Gast bei Veranstaltungen und nicht zuletzt als privater Fahrer unserer Fahrzeuge. Ich finde, ein schöneres Kompliment kann sich ein Automobilhersteller kaum wünschen.

Ich wünsche Hans Herrmann von Herzen alles Gute zum 80. Geburtstag.

Dr. Dieter Zetsche

EINLEITUNG
ZUR STARTAUFSTELLUNG

4

ES GIBT IMMER EINEN GRUND, ÜBER HANS HERRMANN ZU SCHREIBEN. GRUNDSÄTZLICH. **HANS HERRMANN** WAR EINER DER ERFOLG-REICHSTEN RENNFAHRER DER NACHKRIEGS-GESCHICHTE. HANS HERRMANN WAR DER BEKANNTESTE DEUTSCHE RENNFAHRER, BIS IRGENDWANN EINMAL DER NAME STEFAN BELLOF AUFTAUCHTE UND SPÄTER EIN MICHA-EL SCHUMACHER KAM.

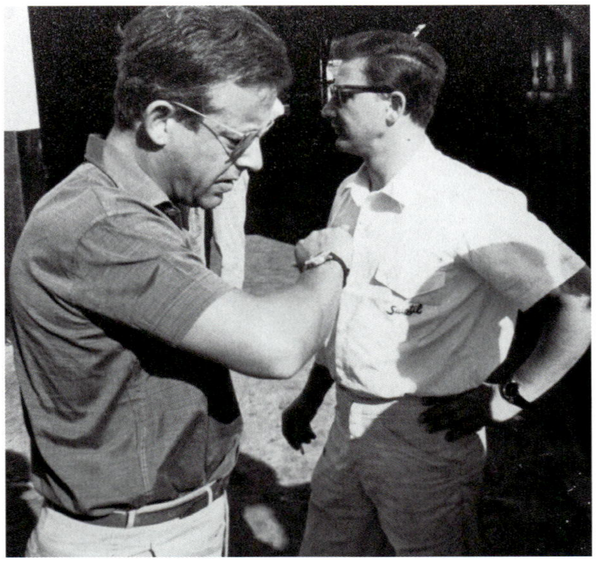

»OBEN LINKS SPRECHE ICH MIT HELMUT ZWICKL, EIN BEFREUNDETER JOURNALIST. DIREKT DARUNTER IST STIRLING MOSS, DEN ICH BEI DIESEM RENNEN AM NÜRBURGRING GESCHLAGEN HABE. DANEBEN IST RAINER GÜNZLER, DER MEIN BEIFAHRER IN ARGENTINIEN WAR. UND DIREKT OBEN UNTERHALTE ICH MICH MIT HELMUT SOHRE, DEM REDAKTEUR VON DER BUNTEN: WIR HABEN 20 JAHRE AUTOTESTS GEMACHT.«

»Porsche 917? Klar. Hans Herrmann. 1970. Le Mans«

Doch zu diesem Zeitpunkt war Hans Herrmann längst eine lebende Legende. Sein Name fällt unweigerlich, wenn man über die Mercedes-Benz-Silberpfeile der frühen 50er Jahre redet. Schnappt man irgendwo am Rande einer Rennstrecke den Begriff »Porsche 917« auf, tönt es sofort in der Runde: »Klar, das ist das Auto von Hans Herrmann, 1970, Le Mans, Sieg.«

Ein Blick in die Statistik: Zwischen 1952 und 1970 ist Hans Herrmann 261 Rennen gefahren, 79-mal war es der erste Platz, 51-mal der zweite und 20-mal der dritte Platz. Dreimal war der Schwabe deutscher Rennsportwagenmeister, nämlich 1953, 1954 und 1956. Zweimal war er Markenweltmeister, und zwar auf Porsche, 1969 und 1970.

Es gibt also immer etwas zu schreiben über diesen Mann, der sein Leben ganz im Zeichen des Automobils und des Motorsports gelebt hat. Und es gibt viel über ihn zu erzählen. Sehr viel. So viel, dass eine lückenlose Biographie über Hans Herrmann wahrscheinlich den Umfang eines Brockhaus-Nachschlagewerks hätte und – mit Verlaub – aus der Sicht eines Motorsportenthusiasten wohl auch inhaltlich dieselbe Qualität. Also haben wir mit diesem hier vorliegenden Buch gar nicht erst versucht, einen Anspruch auf Vollständigkeit zu entwickeln. Sondern wir nutzen die Gelegenheit, Hans Herrmann persönlich kennenzulernen. Natürlich erzählen wir hier auch die Geschichten, die sich die Rennfahrer und -mechaniker seit Jahrzehnten in den Boxengassen erzählen. Mit dabei ist natürlich auch der Husarenstreich bei der Mille Miglia, als Hans Herrmann mit Herbert Linge im Cockpit unter einer geschlossenen Bahnschranke durchfährt – auch von den Unfällen in Monte Carlo und Berlin, die Hans Herrmann wie durch ein Wunder überlebt, wird berichtet. Aber auch andere Dinge sprechen wir an: Warum ist der Porsche 917 ein Rechtslenker? War das legendäre Duell in Le Mans 1969 mit Jacky Ickx gar eine reine Familienangelegenheit? Und was weiß der ehemalige Rennleiter von Porsche, Peter Falk, eigentlich über Abschleppstangen?

Natürlich haben wir die bekannten Höhepunkte aus dem nunmehr acht Jahrzehnte dauernden Lebensweg aufgegriffen – der sich zumeist auf den Rennstrecken dieser Welt abgespielt hat. Aber wir erzählen die Geschichten aus der Sicht von Hans Herrmann. So, wie er sie erlebt hat. Aus der Sicht von einem, der dabei war, und nicht nur das: Aus der Sicht von einem Mann, der oft ganz vorne gefahren ist. Und natürlich wollen wir hier nicht nur Fakten schildern, sondern vor allem auch unterhalten und so Menschen erreichen, die nicht so tief in der Materie drinstecken, dass sie Bohrung und Hub des W-196-Triebwerks im Schlaf aufsagen können.

Hans Herrmanns persönliche Erinnerungen:

»LINKS HOLT MEIN FREUND AUS DER SCHWEIZ, FRITZ BAUMANN, MAL WIEDER EINEN RAT VON MIR. OBEN DISKUTIERE ICH MIT DEM KOLLEGEN UMBERTO MAGLIOLI. MEISTENS HABEN WIR UNS AUSGETAUSCHT ÜBER DIE TECHNIK, DIE STRECKE UND DAS AUTO.«

Deshalb haben wir den Lebensweg umfangreich bebildert. Die meisten Fotos stammen aus dem privaten Archiv von Hans Herrmann. Nicht immer konnten wir den Urheber ermitteln, denn die Bilder sind zum Teil 50 Jahre alt und älter. Sie zeigen oft bisher nicht veröffentlichte Ansichten und geben einen ganz persönlichen, tiefen Einblick in den Motorsport bis 1970, und sie zeigen auch, wie Hans Herrmann nach der Rennsportkarriere weiter dem Automobil verbunden blieb. Ungefiltert bekommt der Leser nachhaltige Eindrücke von Hans Herrmann und dessen Abenteuern – denn aus heutiger Sicht war der Motorsport in diesen Tagen höchst abenteuerlich. Wir erleben Motorsportgeschichte mit den Emotionen von Hans Herrmann, und wir sind ganz nahe bei ihm. Und das gehört sich auch so, zum 80. Geburtstag, wenn man per Handschlag gratulieren darf. Da ist man dem Jubilar nahe, wenn auch nur für einen Moment. Ein Moment aber, den man nie vergisst.

Abb. oben links:
Hans Herrmann mit Fritz Baumann

Abb. oben mitte:
Hans Herrmann mit Umberto Maglioli

Abb. rechts:
Hans Herrmann, Ende der 60er Jahre

HANS HERRMANNS ERSTE KURVEN
»ICH WOLLTE DOCH FAHREN ...«

5

ES GEHT ALSO LOS. AM 23. FEBRUAR 1928 WIRD HANS HERRMANN IN STUTTGART GEBOREN. SEINE MUTTER BETREIBT DAS »CAFÉ SCHLAUDER« IN DER HAUPTSTÄTTER STRASSE 31 AM RANDE DER STUTTGARTER INNENSTADT IM BOHNENVIERTEL UNWEIT DES BOPSERS.

In dem Caféhaus treffen sich Menschen quer durch alle Bürgerschichten, sogar der Polizeipräsident Klaiber geht dort ein und aus, sodass man über die lokalen und politischen Gegebenheiten bestens im Bilde ist. Hans Herrmanns Vater ist Mechaniker von Beruf, sodass der Sohn durchaus als »erblich vorbelastet« gelten darf, was die Leidenschaft und die Begeisterungsfähigkeit für Motoren angeht. Allerdings ist das vorerst alles, was der Junge Hans Herrmann von seinem Vater mitbekommt, denn kurz vor der geplanten Hochzeit – Hans ist noch nicht auf der Welt – geht die Partnerschaft der Eltern auseinander, sodass in der ersten Lebensphase des jungen Stuttgarters die Vaterfigur fehlt. Abgesehen davon verläuft die frühe Kindheit des Stuttgarters normal – sofern man das von einer Zeit behaupten kann, in der die Nationalsozialisten an die Macht streben und dabei sogar den Reichstag in Brand setzen. Im Jahr 1935 wird Hans Herrmann eingeschult, doch die Schule ist wenig interessant.

Es ging nämlich schon damals vielmehr darum, der Schnellste zu sein. Und zwar der Schnellste, der nach der Schule wieder zu Hause war, den Schulranzen abgelegt und gegen ein Spielzeugauto eingetauscht hat, um sich schnell wieder mit seinen Freunden zum Rennen zu verabreden. Jawohl. Im Alter von sechs Jahren sammelte Hans Herrmann erste praktische Rennerfahrung, und zwar mit einem Mercedes: Mit seinen Altersgenossen, die ebenfalls Spielzeugautos besaßen, traf er sich an der Bopserwaldstraße. Die Jungs ließen dort in der Bordsteinrinne ihre Autos den Hang hinunterrollen. Wessen Wagen zuerst unten war, der hatte gewonnen.

Oft führte der Zufall Regie bei der Entscheidung, welcher der Rennwagen denn nun am Ende der Abfahrt siegreich war, denn die Autos waren ja alle ähnlich. Aus der Sicht des jungen Hans Herrmann war dieser Zustand selbstredend äußerst unbefriedigend; daran musste unbedingt und mit Nachdruck gearbeitet werden. Also nahm Hans Herrmann sein Auto zur Hand und goss es innen mit Blei aus. Eine etwas ungewöhnliche Form des Tunings, aber durchaus effektiv: Der Wagen wurde schwerer und logischerweise bergab auch schneller. Die Folge: An diesem Tag gab es keinerlei Debatten über den Gewinner des Bopser-Rennens; der hieß ganz klar Hans Herrmann. Doch schon am nächsten Tag regierte wieder König Zufall: Die anderen Jungs hatten ihre Renngeräte ebenfalls aufgemotzt und mit Blei präpariert, der Wettbewerbsvorteil von Hans Herrmann war dahin und die jungen Freunde entdeckten einen Nachteil: Man musste jetzt öfter den Berg hinunterlaufen und die Autos wieder heraufbringen – die Rennzeit war ja wesentlich verkürzt.

Abb. links
von links: Julius Köther, Sportpräsident, Ferry Porsche und Hans Herrmann

Hans Herrmanns persönliche Erinnerungen:

»BEI MERCEDES HATTEN WIR ZWEIERLEI RENNANZÜGE: ES GAB EINEN SONNTAGSANZUG, DER WAR BLÜTENWEISS UND DEN HABEN WIR ZUM RENNEN GETRAGEN. EIN ANZUG WIE HIER AUF DEM FOTO ABGEBILDET, DER WAR GRAU. DAS HABEN WIR IM TRAINING – ALSO WERKTAGS – GETRAGEN. ÜBRIGENS: FÜR DIE SICHERHEIT WAREN AUS HEUTIGER SICHT BEIDE GLEICH SCHLECHT: DIE HABEN BEIDE GLEICH SCNELL GEBRANNT.«

»Ich hatte immer einen Mercedes, und wir haben unseren Idolen von damals nachgeeifert. Ich war der Caracciola.« Da war Hans Herrmann genau beim richtigen Vorbild: Rudolf Caracciola. Der erfolgreichste deutsche Rennfahrer der Vorkriegszeit war 1935, 1937 und 1938 Europameister. Im Jahr 1931 hatte er mit einem Mercedes SSKL als erster Ausländer die legendäre Mille Miglia gewonnen. Der Mann, der mit 435 Stundenkilometern bis heute (2007) der schnellste Mann auf einer deutschen Autobahn ist, war damals ein Volksheld. »Ich wollte Rennfahrer werden. Als ich so etwa zehn Jahre alt war, war mein Entschluss, Rennfahrer zu werden, schon unverrückbar«, erzählt Hans Herrmann noch heute freudig. »Andere Jungs wollten Lokomotivführer oder Pilot oder Kapitän oder irgendetwas werden – bei mir war es immer der Rennfahrer.«

Träumereien eines kleinen Jungen? Wohl kaum. Allerdings wird die Zeit, in der Hans Herrmann sich entwickelt, immer weniger »normal« und der angestrebte Berufswunsch scheinbar immer weniger realisierbar. Die Kinder- und Jugendzeit ist alles andere als unbeschwert. Hans Herrmann besucht mittlerweile das nahegelegene Karls-Gymnasium, welches dem nationalsozialistischen Sprachgebrauch entsprechend »Karls-Oberschule« heißt. Am 9. November 1938 erlebt auch Stuttgart die Kristallnacht, in der Nazis jüdisches Leben zerstören. Auf dem Weg zum Klavierunterricht sieht der Zehnjährige die verwüsteten Geschäfte und Häuser in den Straßen seiner Heimat. Im Haus des Klavierlehrers fällt Hans Herrmann immer wieder ein Mann auf, der dem Jungen Süßigkeiten anbietet und auch sonst den Kontakt zu ihm sucht: Es ist sein Vater – die beiden lernen sich kennen.

Als Hans Herrmann elf Jahre alt ist, bricht der Zweite Weltkrieg aus. Zunächst kann der Junge die Schulausbildung weiterführen, doch 1943 wächst vor allem bei seiner Mutter die Sorge, dass er zum Militärdienst eingezogen wird. Wenige Tage vor Hans Herrmanns 15. Geburtstag, am 18. Februar 1943, brüllt der Reichsminister für Volksaufklärung und Propaganda, Joseph Göbbels, aus den Radios in Deutschland, die Volksempfänger heißen: »Wollt ihr den totalen Krieg?«

Abb. oben
1953, Porsche 550 Sport, Avus-Rennen, 2. Platz

Hans Herrmanns persönliche Erinnerungen:

»DAS WAR MEINE ERSTE MILLE MIGLIA MIT MEINEM PRIVATEN 1500ER PORSCHE 356. MEIN BEIFAHRER WAR ERWIN BAUER, DER VOR DEM KRIEG NACHWUCHSFAHRER BEI MERCEDES WAR. ERWIN BAUER HAT MIR VIEL GEHOLFEN ÜBER DIE JAHRE HINWEG. AUF JEDEN FALL WAR ES EINE SENSATION, DASS WIR HIER GLEICH BEI MEINEM ERSTEN EINSATZ KLASSENSIEGER GEWORDEN SIND. DASS MUSS MAN SICH MAL ÜBERLEGEN: DA SIND RUND 600 AUTOS GESTARTET UND WIR WAREN AM ENDE 30. IM GESAMTKLASSEMENT MIT SO EINEM KLEINEN WAGEN. SEHEN SIE DIE RENNKLEIDUNG? GANZ NORMALE HOSE UND JACKE - SO SIND WIR DAMALS INS COCKPIT GESTIEGEN. ALS WÄRE MAN ZUM EINKAUFEN GEFAHREN - WIR SEHEN JA AUS WIE TOURISTEN, WENN MAN DAS MIT SHELL VERGLEICHT.«

Hans Herrmanns persönliche Erinnerungen:

»DAS IST AM NÜRBURGRING: GANZ LINKS STEHEND WAR EIN REIFENSPEZIALIST, DANN ICH, DANN WALTER GLÖCKLER, DANN HANS KLAUSER, DANN HELM GLÖCKLER, MIT DEM ICH LE MANS GEWONNEN HATTE, UND FERRY PORSCHE. SO SAH DAMALS DIE LAGEBESPRECHUNG AUS.

AM GLEICHEN TAG BIN ICH ÜBRIGENS PORSCHE UND VERITAS GEFAHREN. ZUERST PORSCHE 550, MIT DEM ICH DAS SPORTWAGENRENNEN GEWONNEN HABE - UND DANN MEIN ERSTES FORMEL-1-RENNEN MIT DEM VERITAS F2: ICH WAR 9.«

Ein übler Geburtstagsgruß, denn daraus wird die Lage der Nation deutlich: Wer jetzt noch an die Front muss, der ist »Kanonenfutter«. Schon 1943 war der Einzug zum Militärdienst fast gleichbedeutend mit einem Todesurteil. Eine Berufsausbildung im Lebensmittelbereich, die auch dem elterlichen Betrieb nützt, könnte als Grund für eine Zurückstellung vom Kriegsdienst gelten. Deshalb wird Hans Herrmann, ohne dass er groß gefragt wird, bei Heinrich Talmon-Gros, einem bekannten Gastronomen in Stuttgart, von seiner Mutter zur Lehre als Konditor angemeldet. Hans Herrmann ist von seinem Traum, Rennfahrer zu werden, meilenweit entfernt. Statt Rennmotoren auf Hochtouren zu bringen, steht er nun mit einem Besen in der Backstube, denn sehr viel mehr, als zu kehren und die wenigen Backwaren auszutragen, kann Hans Herrmann nicht tun. Die Lebensmittel sind bereits knapp.

Hans Herrmann pflegt den Kontakt zu seinem Vater. »Wir sind ab und zu am Sonntag miteinander spazieren gegangen. Einmal hat er sein Zigarettenetui hervorgeholt, und dabei ist ihm eine Zigarette heruntergefallen. Ich wollte sie natürlich aufheben, aber er sagte: ›Lass sie ruhig liegen und geh' einfach mit mir weiter.‹ Und tatsächlich hat sofort jemand die Zigarette aufgehoben. Was das war? Es war eine ganz unauffällige Art und Weise, Botschaften auszutauschen. Mein Vater war gegen Adolf Hitler.«

Das bringt den jungen Hans Herrmann, der sich im Alter seiner Persönlichkeitsentwicklung, seiner Identitätsfindung befindet, in innerliche Konflikte. Auf der einen Seite musste er jeden Mittwoch zur Hitlerjugend gehen und begeistert den rechten Arm heben, und auf der anderen Seite berichtete ihm sein Vater von den Gräueltaten des Regimes.

Im Jahr 1944 wird der Vater von den Nazis verhaftet. Hans Herrmanns Stimme färbt sich dunkel ein, und er spricht sichtlich ungern weiter: »Ich habe ihn noch einmal besuchen können, in der Gegend von Heilbronn, und er sagte mir damals: ›Die bringen mich hier um.‹ Und so war es: Mein Vater kam nie mehr wieder, und später habe ich erfahren, dass er in einem Mas-

Abb:
1953, Nürburgring, Großer Preis von Deutschland

sengrab beerdigt worden ist.« Es ist also verständlich, wenn der Junge im zerbombten Stuttgart in dem Mehrfamilienhaus umherläuft, in dem er wohnt, und nach einem Fliegeralarm mit zwei, drei anderen Jungen die Hitlerbilder in den offenstehenden Wohnungen von den Wänden reißt, auf den Boden wirft und darauf herumtrampelt. »Die Wohnungen waren ja alle zugänglich, man durfte sie nicht abschließen, und wenn die Bewohner dann nach den Fliegerangriffen wieder aus den Bunkern in ihre Wohnungen zurückkamen, fanden sie es sehr mysteriös, dass die Bilder von den Wänden gefallen waren.«

Es wird noch schlimmer: Der Zweite Weltkrieg bringt dem jungen Hans Herrmann immer noch mehr Leid. Er kann sich dem Kriegsdienst nicht entziehen. Im Alter von 16 Jahren findet er sich nach einer Schnellausbildung zum Panzergrenadier in einem Zug wieder, der in Richtung Osten fährt. Die Franzosen sind schon dabei, den Rhein zu überqueren. Ihm und drei Kameraden ist das Ziel zwar unbekannt, doch die vier wissen genau, wohin die Fahrt geht, ganz egal, wo der Zug hält: In den Tod. Hans Herrmann schüttelt den Kopf: »Erst haben sie, also die Nazis, meinen Vater umgebracht, und jetzt sollte ich für sie kämpfen? Niemals! Wir haben beschlossen, zu fliehen.« Der Plan ist, die Holzsperre am Klofenster mit den Kampfmessern so weit anzusägen, dass die Öffnung groß genug wird, um herausklettern zu können. Stück für Stück, in geheimer Mission, gelingt es dem Quartett, das Fenster zu entriegeln. Alle 15 Minuten gehen sie reihum aufs Klo und sägen – niemand schöpft Verdacht. »In eineinhalb, zwei Stunden hatten wir es geschafft«. Nachts, während der Fahrt, in der Nähe von Fulda, springen sie einer nach dem anderen aus dem fahrenden Zug. Was nun folgt, sind derart prägende Erlebnisse, dass Hans Herrmann noch heute mit einer abwehrenden Geste antwortet und den Kopf verneinend schüttelt. Es fällt ihm sehr, sehr schwer, darüber zu sprechen. Die vier Teenager sind völlig auf sich alleine gestellt. Der SS in die Hände zu fallen, ist für einen Deserteur gleichbedeutend mit dem Tod. Die Vorstellung, nichtdeutschen Soldaten in die Hände zu fallen, war ebenfalls grausam für die Jugendlichen. Doch die vier kommen durch bis zur schwäbischen Alb nach Münsingen, wo die Mutter von Hans Herrmann in einer Scheune Wertgegenstände und zivile Kleidung deponiert hat. In der Nacht trennen sich die Freunde. Hans Herrmann geht mit einem

Hans Herrmanns persönliche Erinnerungen:

»RECHTS IM GROSSEN BILD IST ULRICH WIESELMANN, DER DAMALIGE CHEFREDAKTEUR VON AUTO, MOTOR UND SPORT. DAS WAR DAS EIFEL-RENNNEN 1953, EIN TOLLES DING. ES HATTE GEREGNET, UND IN DER LETZTEN RUNDE HABE ICH RICHARD VON FRANKENBERG ÜBERHOLT UND GEWONNEN. WIESELMANN WAR OFFENBAR BEEINDRUCKT. EIN JAHR ZUVOR HATTE ER NOCH GESCHRIEBEN, ICH HÄTTE MEINEN MOTOR GESCHLACHTET. JETZT ZEIGT ER SICH DOCH FREUNDLICHER. MIR MACHT ES SPASS IHM ZU ERKLÄREN, WIE ICH GEWONNEN HABE.«

Kameraden zur Scheune und tauscht die Uniform gegen Zivilkleidung. Als die beiden zurück zum Treffpunkt kommen, hängen die zurückgebliebenen Gefährten tot am Baum.

»Wir wissen bis heute nicht, wie sie umgekommen sind.« Die Flucht geht weiter: Hans Herrmann und sein Freund schlagen sich bis nach Stuttgart durch. Die von den Franzosen besetzte Stadt liegt in Schutt und Asche, das Café Schlauder aber steht noch zwischen den Trümmern.

Jetzt stellt sich täglich eine neue Frage: »Wie kannst du satt werden?« Der Krieg endet endlich, Hans Herrmann beendet die Konditorlehre, obwohl die Lebensmittel noch knapper sind als vorher. Dennoch geht langsam die Zeit der Hoffnungslosigkeit zu Ende, und Hans Herrmann kann sogar den Führerschein machen. Vier Fahrstunden in einem Mercedes 170 sind nötig, zu denen er das Benzin selbst mitbringt in einem Kanister. Und tatsächlich erfüllt sich der junge Mann im Alter von 18 Jahren einen Traum: Das erste Auto. Es ist ein BMW 3/20 mit 20 PS, der in der damaligen Fahrzeugsteuerklasse 3 eingestuft ist, deshalb die 3/20. Das Auto mit 0,8 Litern Hubraum war in den frühen 30er Jahren gebaut worden; es war demnach im Jahr 1946 bereits etwa 15 Jahre alt. Doch für Hans Herrmann spielte das alles zunächst keine Rolle. Er hatte ein Auto, und obwohl diese Zeit in Deutschland gekennzeichnet war durch viel Not und Elend, empfindet Hans Herrmann die Tage schon nicht mehr so schwer: »Der Krieg war ja vorbei, es war hervorragend – der Krieg war vorbei! Im Krieg habe ich so viel Schlimmes erlebt, dass alles, was danach kam, für mich nicht mehr so schlimm gewesen ist.«

So vollbringt er auch die Meisterleistung, ein Jahr nach Kriegsende ein Auto aufzutreiben und es sogar bewegen zu können. »Sicher, ich wollte doch fahren«, sagt Hans Herrmann heute dazu, und es wird klar, das dies kein Wunsch, sondern ein Bedürfnis ist. »Was hätte ich denn tun sollen? Ich musste die Dinge ja organisieren.« Also wurde der 3/20 gekauft; ein Vorgang, der eher einem Kuhhandel glich. Hans Herrmann hatte »ein paar Tausend Mark« zu bezahlen, doch die Reichsmark waren 1946 nicht viel wert. Eine Schachtel Zigaretten kostete damals 200 Reichsmark (RM). Das Auto bekam der Stuttgarter, weil er durch das Café

VIVIL

Hans Herrmanns persönliche Erinnerungen:

»1953, PORSCHE 550, GROSSER PREIS VON DEUTSCHLAND: WIR SEHEN DIE STARTRUNDE UND ICH BIN SCHON IN FÜHRUNG. ÜBRIGENS: RECHTS UNTEN SEHEN SIE, WIE ENG ES AM START ZUGING. DIESEN SPORTWAGEN HIER HABE ICH GEWONNEN.

DANACH BIN ICH WIEDER IM VERITAS FORMEL 1 GEFAHREN. DIE UMSTELLUNG WAR NICHT GANZ LEICHT. DER PORSCHE HATTE EINEN HECKMOTOR, DER VERITAS HATTE DAS TRIEBWERK VORNE. DIE FAHRWEISE MIT DEM FRONTMOTOR IST EINE KOMPLETT ANDERE.«

Schlauder über begehrte Waren verfügen konnte: Zucker, Kaffee, Schmalz, Zigaretten. Doch der Verkäufer wollte noch mehr, und so half die Mutter, die eine Goldkette mit dazu gab. Jetzt stand der Handel. »Es war eine fürchterliche Kiste, aber ich war sehr glücklich, dass ich endlich fahren konnte, und um noch mehr in Richtung Automobil zu kommen, meldete ich für fünf Mark ein Gewerbe als Fuhrunternehmer an.«

Damit konnte Hans Herrmann nun sogar professionell Auto fahren. Theoretisch, denn Benzin benötigte er ja auch noch: So wurde der Wagen auf den Hausarzt, auf Dr. Bargou zugelassen. Das Auto bekam das »rote V«, also den roten Winkel. Das war ein Arzt-Schild, und damit gab es Benzingutscheine. Hans Herrmann fuhr zweimal die Woche den Doktor zu seinen Patienten, den Rest der Zeit konnte er frei über den Wagen verfügen, den er – so seine scherzhafte Erinnerung – »mehr geschoben als gefahren« hat. Dennoch kam er bis nach München in die Möhlstraße, wo er Waren für das Café »besorgte«. Dort betrieben Juden, die das Regime überlebt hatten, einen regen Handel. »Mit denen kam ich gleich klar, wir haben uns sehr schnell gut verstanden«, so Hans Herrmann. »Das Stuttgarter Pendant zu diesem Münchner ›Händlerviertel‹ übrigens war in der Reinsburgstraße, wo ich natürlich auch gehandelt habe.« Geld war zu dieser Zeit kein gängiges Zahlungsmittel. »Wir haben Tauschgeschäfte machen müssen. Das war oft am Rande des Legalen, aber wir hatten keine andere Wahl. Zweieinhalb, drei Jahre haben wir uns so durchgeschlagen. Ja, es war wirklich ein Durchschlagen. Dann kam 1948 die Währungsreform und die D-Mark wurde eingeführt. Ich weiß noch ganz genau: Jeder hatte 40 Mark Kopfgeld bekommen, und am Abend des 21. Juni 1948, also dem Tag der Währungsreform, hat eine Tasse Kaffee bei uns 22 Pfennige (11 Cent in Euro) gekostet. Und jetzt gab es auch wieder Waren in den Läden.«

Hans Herrmann arbeitet fleißig weiter als Gastronom, verliert aber den Wunsch nach dem Leben als Rennfahrer nicht aus den Augen. In Deutschland geht es weiter aufwärts, und im Alter von 22 Jahren eröffnet er gemeinsam mit seiner Mutter einen zweiten Betrieb, das »Eberhardstüble«. Hans Herrmann wird Geschäftsführer und erarbeitet sich eine eigene finanzielle Basis. Mittlerweile leistet er sich BMW Nummer drei: Nach einem Intermezzo mit einem 319 mit 1,9 Litern Hubraum und 45 PS ist er 1950 bei einem BMW 326 mit 50 PS angelangt. Das ist für damalige Verhältnisse ein Superauto, mit dem sich Hans Herrmann eine erste Strafzettelsammlung zulegt. Doch um Rennen zu fahren, reicht es noch nicht.

Hans Herrmann tritt in den Motorsportclub (MSC) Stuttgart ein. Schritt für Schritt, Kurve um Kurve, Meter für Meter nähert er sich seinem Ziel, Rennfahrer zu werden. Als Geschäftsführer von zwei Gastronomiebetrieben in der Stuttgarter Innenstadt verfügt der junge Mann jetzt über genügend finanziellen Spielraum, um sich seinen ersten Sportwagen frei auswählen zu können. Das ist ein großes Privileg in einer Zeit, in der die meisten Familien in Deutschland noch nicht einmal einen Fernseher besitzen. In Frage kommen ein Borgward 1,5 Liter Coupé, ein Simca-Coupé und ein Porsche 356. Mit seinem Freund Heinrich Sauter, Mitinhaber des Maschinen-Großhandels Hahn und Kolb, gibt es eine Probefahrt im Porsche. Hans Herrmann ist vor allem von der Straßenlage des Autos überzeugt, sodass er sich sofort festlegt. Mit einem silbergrauen Porsche 356 – den serienmäßigen 1300er-Motor hat er schon durch ein Aggregat mit einem Hubraum von 1500 Kubikzentimetern ersetzt – fährt er am 9. Februar 1952 zum ersten Motorsportwettbewerb seines Lebens. Er nimmt an einer Zuverlässigkeitsfahrt teil (so hießen Rallyes damals), der Winterfahrt Hessen. Hans Herrmann ist jetzt 23 Jahre alt. Bald wird er 24.

Hans Herrmanns persönliche Erinnerungen:

»ES IST SCHON EIN GANZ GROSSER SIEGERKRANZ. ICH MEINE, DA PASSEN JA FAST ZWEI FAHRER REIN. SIE SEHEN: IN UNSERER ZEIT WAREN DIE KRÄNZE NOCH GRÖSSER ALS DIE GAGEN.«

HANS HERRMANN IM PORSCHE-COCKPIT
ALPHA UND OMEGA:
19 JAHRE PORSCHE-RENNSPORT

6

IM RENNFAHRERLEBEN VON
HANS HERRMANN IST PORSCHE DAS ALPHA
UND DAS OMEGA, ANFANG UND ENDE,
VERDRUSS UND TRIUMPH.

141

»Ferry Porsche war immer für mich, Huschke von Hanstein war nie für mich.«

Als sich Hans Herrmann im Jahr 1951 in den 356er Porsche seines Freundes Heinrich Sauter setzt, steht bereits nach wenigen Kilometern fest, dass er mit einem Porsche und keinem anderen Wagen in den Rennsport einsteigen wird. »Es war faszinierend, mit welchen Kurvengeschwindigkeiten man dieses Auto bewegen konnte. Als Heinrich auf eine Autobahn einbog, dachte ich, jetzt müsste er aber den Fuß vom Gas nehmen, doch er blieb einfach drauf und der Porsche ist wie nichts um die Kurve gefegt.« Damit erkennt Hans Herrmann sofort einen Wettbewerbsvorteil, den er eigentlich schon bei seiner ersten Motorsportveranstaltung auszuspielen gedachte, der Winterfahrt in Hessen am 9. Februar 1952. Doch dazu musste man schon wissen, um welche Kurven man denn fahren sollte.

Diese Rallye, die wie alle Rallyes damals noch Zuverlässigkeitsfahrt hieß, hatte es in sich. Man kann sich vorstellen, dass die Dinge damals noch nicht so durchorganisiert waren wie heute. Die Wertungsprüfungen finden an unterschiedlichen Orten statt. Den Weg dahin muss man sich jeweils selbst suchen. Die Verkehrsbeschilderung Anfang der 50er Jahre ist aber lausig. Und so liegt es nicht an Hans Herrmanns Fahrkünsten, dass wir die Platzierung bei dieser Rallye an dieser Stelle vornehm verschweigen wollen. Der Einstand in den Motorsport ist ein recht holpriger, doch wenn man davon träumt, Rennfahrer zu werden, lässt man sich natürlich nicht von leichten Anfangsschwierigkeiten entmutigen.

So auch Hans Herrmann nicht, der bei dieser Rallye wahrlich keinen Pokal, dafür aber an Erfahrung und erste Erkenntnisse gewonnen hat. Es kam schon seinerzeit auf den richtigen Beifahrer an, der damals auch als Navigator fungierte. Hans Herrmann bahnt sich mit Günter Gräter auf dem Beifahrersitz am 9. und 10. Februar 1952 tapfer seinen Weg durch Schnee, Eis und Nacht. Der Porsche macht keinerlei Probleme, allein, es ist der richtige Weg, den man nicht finden kann. »Ich wollte nie Rallyes fahren. Ich wollte Rennen fahren. Richtige Rennen auf der Rundstrecke«, betont Hans Herrmann, »aber dazu benötigte ich eben einige Punkte, die auf eine gewisse Erfahrung schließen ließen, bevor ich die Fahrerlizenz beantragen konnte.«

Bei seinem zweiten Auftritt auf der Bühne des Motorsports – natürlich wieder mit dem 356er – setzt er

BP
TRESOR DES ROIS DE FRANCE
MARTINI

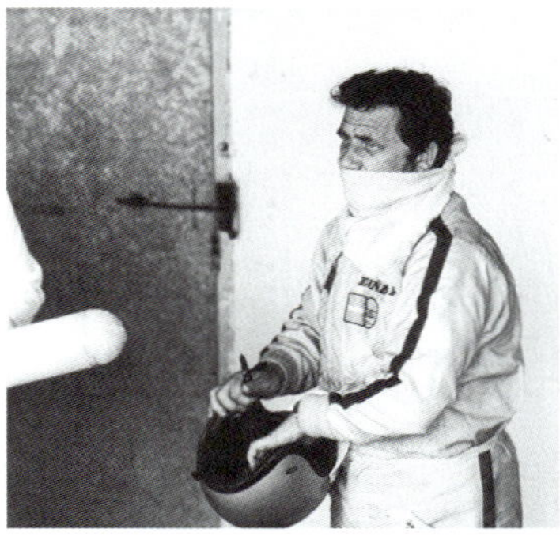

FLETCHER
PORSCHE
160

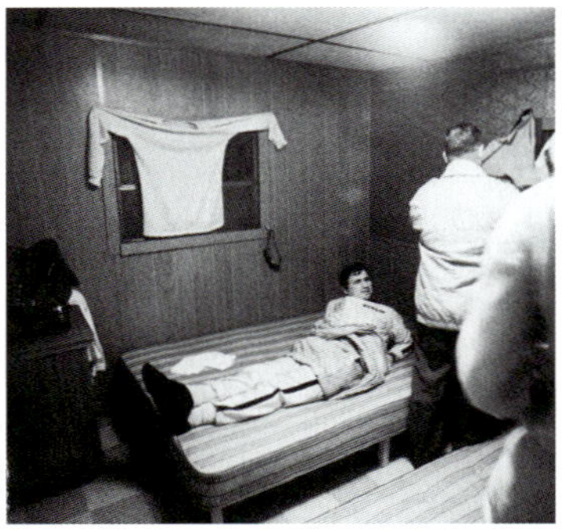

160

CARRERA PANAMERICANA
IV
HERRMANN
KLING

Hans Herrmanns persönliche Erinnerungen:

»DAS ZWEITE BILD LINKS VON OBEN WAR MEIN ERSTER WERKSEINSATZ FÜR PORSCHE – LE MANS 1953. HIER ZU SEHEN SIND VON LINKS ICH SELBER, NOCH IN ZIVIL - ICH HATTE NOCH KEINEN RENNANZUG. NEBEN MIR STEHEN PAUL FRÊRE, RICHARD VON FRANKENBERG UND HELM GLÖCKLER. WIR SIND GLEICHZEITIG DURCHS ZIEL GEFAHREN UND DADURCH BEIDE ERSTER IN DER KLASSE GEWORDEN.

DAS FÜNFTE VON LINKS IN DER OBERSTEN REIHE ZEIGT ATTWOOD, MOSS, STEINEMANN UND MICH BEI EINER EHRUNG IN LONDON ANLÄSSLICH UNSERES LE-MANS-SIEGES.

INTERESSANT IST AUCH DAS VORLETZTE BILD VON LINKS IN DER VIERTEN REIHE. DAS BIN ICH, KARL KLING UND EIN GAUCHO MIT SEINEN OCHSEN. SOWAS HAT MAN IN MEXICO ANGETROFFEN, MITTEN AUF DER RENNSTRECKE. IM TRAINING HABEN WIR MAL EINEN OCHSEN UMGEFAHREN.«

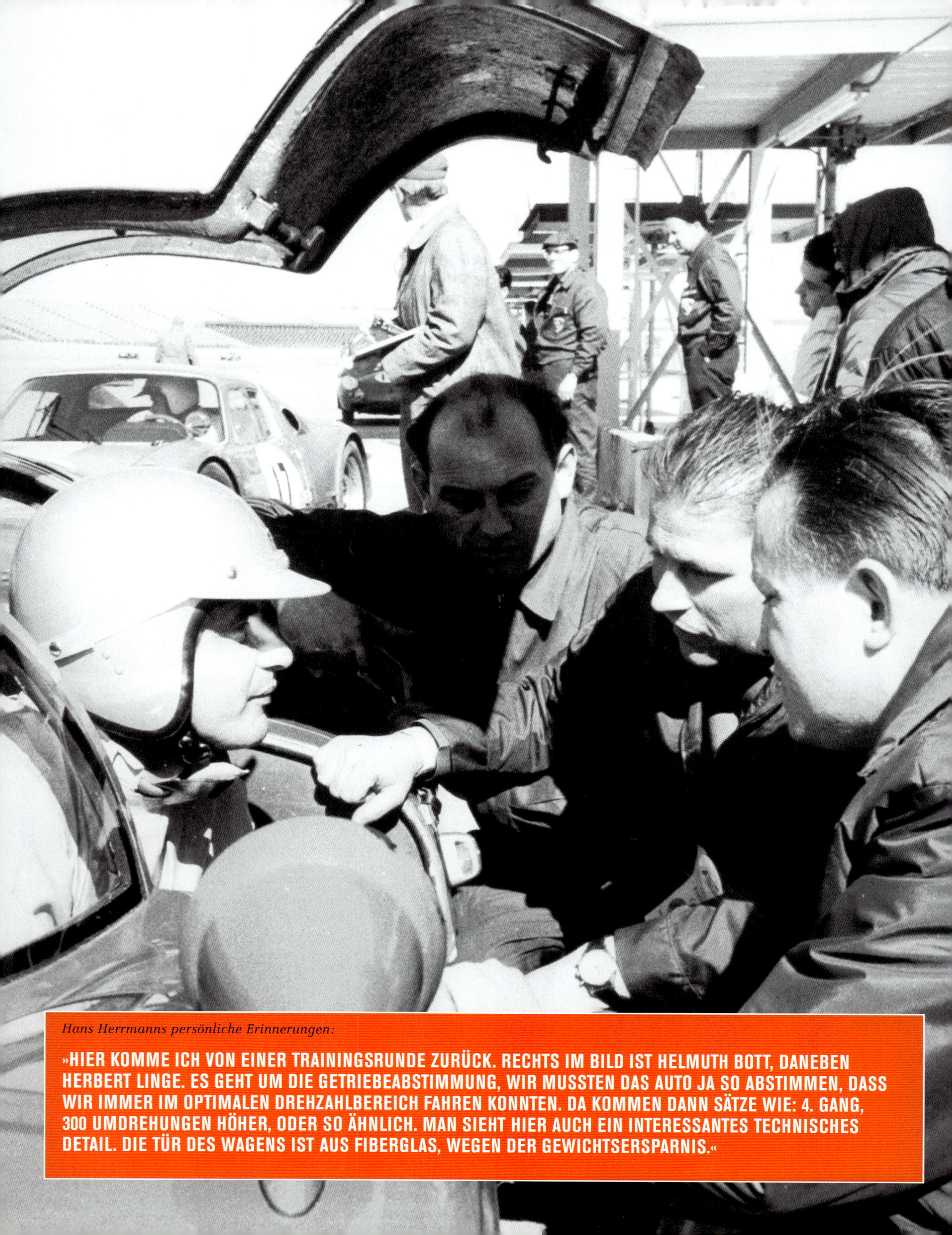

Hans Herrmanns persönliche Erinnerungen:

»HIER KOMME ICH VON EINER TRAININGSRUNDE ZURÜCK. RECHTS IM BILD IST HELMUTH BOTT, DANEBEN HERBERT LINGE. ES GEHT UM DIE GETRIEBEABSTIMMUNG, WIR MUSSTEN DAS AUTO JA SO ABSTIMMEN, DASS WIR IMMER IM OPTIMALEN DREHZAHLBEREICH FAHREN KONNTEN. DA KOMMEN DANN SÄTZE WIE: 4. GANG, 300 UMDREHUNGEN HÖHER, ODER SO ÄHNLICH. MAN SIEHT HIER AUCH EIN INTERESSANTES TECHNISCHES DETAIL. DIE TÜR DES WAGENS IST AUS FIBERGLAS, WEGEN DER GEWICHTSERSPARNIS.«

dann seinem Talent entsprechend das erste deutliche Signal an die Motorsportwelt: Die ADAC-Deutschlandfahrt vom 23. bis 28. April 1952 wird zum Triumphzug für Hans Herrmann und seinen Porsche 356; Ergebnis: Klassensieger. Und das schon beim zweiten Einsatz. Für den dritten Auftritt im Porsche wechselt Hans Herrmann nun seinen Beifahrer: An die Stelle von Günter Gräter tritt jetzt Erwin Bauer, ein Mann, der ihn viele Jahre im Motorsport begleiten und vor allem auch fördern sollte. Erwin Bauer war vor dem Zweiten Weltkrieg Nachwuchsfahrer für Mercedes Benz. Nach dem Krieg war er der erste Kontinentaleuropäer, der einen Lotus außerhalb Großbritanniens steuern durfte. Er starb 1958 bei einem tragischen Unfall auf dem Nürburgring. Bauer fuhr gemeinsam mit einem anderen Wagen über die Ziellinie, Bauer wurde als Zehnter abgewinkt, doch er war sich nicht sicher, ob die Zielflagge ihm galt oder dem anderen Auto, und so fuhr er noch eine Runde, obwohl er eigentlich abgewunken war. Wenige Kilometer nach dem Ziel kam es zu einem Unfall mit einem langsameren Auto, das sich in der Auslaufrunde befand. Erwin Bauer verunglückt tödlich. Nach diesem tragischen Unfall wurde das Reglement geändert. Seitdem werden alle Autos abgewunken, sobald der Sieger durchs Ziel ist. Nun zurück zu 1953: Jetzt nahm Erwin Bauer also im Cockpit von Hans Herrmanns Porsche Platz, um den jungen Stuttgarter Piloten nach Kräften zu unterstützen. Motorsportwettbewerb Nummer drei für Hans Herrmann steht an, die Rallye Travemünde,: Hans Herrmann beendet immerhin als Sechster die Veranstaltung.

Jetzt war er gerüstet für das erste Rennen. Auf dem Programm steht der Große Preis von Deutschland, wo Hans Herrmann am Nürburgring erstmals auch vor der internationalen Fachwelt fährt. *auto, motor und sport* berichtet über das Rennen: »... Aus dem Pulk der Stromlinienlimousinen schälten sich als Schnellste Nathan, Herrmann, Veuillet und die beiden Schweizer Patthey und Heuberger heraus. Nathan, Rallyespezialist ohne viel Spaß an Rundstreckenrennen, führte von der ersten bis zur letzten Runde, zuerst bedrängt von Herrmann, der seinen Motor jedoch schon in der dritten Runde schlachtete, dann von dem ausgezeichneten Heuberger, der mit 12:28,5 = 109,7 km/h die schnellste Runde des Rennens fuhr ...«

Abb. oben links
Trainingspause an der Strecke: Ich studiere die Rundenzeiten, damals noch auf Papier, nicht auf dem Bildschirm.

Abb. oben rechts
1966, Porsche 906, Großer Preis von Hockenheim, 3. Platz

»MOTOR GESCHLACHTET«

Nach der Enttäuschung vom ersten Ausfall seines Porsches muss Hans Herrmann nun lesen, dass er den Motor »geschlachtet« hätte. »Das war ein Schock – wirklich wie ein Stich ins Herz. Ich wusste genau, dass ich den Motor nicht überdreht hatte.« Natürlich fürchtet der junge Stuttgarter, dass mit diesem Bericht in der Fachpresse seine Rennsportkarriere zu Ende geht, bevor sie überhaupt richtig begonnen hat. Was war passiert? Herbert Linge, ein Porschemann der ersten Stunde und ein guter Freund von Hans Herrmann, blickt zurück: »Ich glaube, es war damals die Ventilfeder, die gebrochen war. Dieses Teil musste man regelmäßig überprüfen und im Bedarfsfall auswechseln. Wenn man das nicht gemacht hat, konnte die Ventilfeder schon mal kaputt gehen. Das führte sofort zu einem enormen Leistungsverlust, und man musste das Auto, so schnell es ging, abstellen.«

Mit dieser Auskunft und mit der neuen Ventilfeder ausgerüstet, macht sich Hans Herrmann auf, um die Sache von Angesicht zu Angesicht mit dem damaligen Chefredakteur bei *auto, motor und sport*, Heinz Ulrich Wieselmann, zu klären. Der Einfluss der Medien auf den Motorsport war bereits in den 50ern nicht zu unterschätzen. Doch den Herrn Redakteur mit Samthandschuhen anzufassen, ist nicht Hans Herrmanns Ding: Ungestüm legt er ihm die Ventilfeder auf den Schreibtisch und protestiert erregt: »Sehen Sie, ich habe meinen Motor doch nicht geschlachtet. Das ist alles, was kaputt ging. Im Prinzip ein Verschleißteil!« Tatsächlich zeigt sich der Fachjournalist einsichtig und ist wohl auch beeindruckt von Hans Herrmanns Feuereifer. Jedenfalls bekommt der junge Rennfahrer fortan eine bessere Berichterstattung. Hans Herrmann: »Schon kurz nach dem Redaktionsbesuch hat Wieselmann geschrieben, dass man mich trotz des Ausfalls im Auge behalten müsse, da von mir in Zukunft noch einiges zu erwarten sei. Von da an hat es geklappt mit der Presse.«

Und auch seine Platzierungen werden besser. Gepaart mit der Präsenz in den Medien, zieht Hans Herrmann immer mehr Aufmerksamkeit auf sich: Auf Porsche wird Hans Herrmann im Jahr 1953 Klassensieger bei der Mille Miglia, belegt im Eifelrennen den 1. Platz, steuert bei den 24 Stunden von Le Mans den Porsche 550 Sport auf Platz 1 seiner Klasse und belegt den 1. Platz beim Großen Preis von Deutschland. All das führt schließlich dazu, dass er ein Angebot von Mercedes-Benz erhält: Das war die Chance, in die For-

Hans Herrmanns persönliche Erinnerungen:

»WÄHREND DER FAHRT KONNTEN WIR NICHT MITEINANDER SPRECHEN. ES GAB KEINEN FUNK. HERBERT LINGE UND ICH KONNTEN UNS ALSO NUR NACH DEM RENNEN ODER IN DEN PAUSEN UNTERHALTEN, WIE HIER BEI DER MILLE MIGLIA 1954. DA MAN NICHT MITEINANDER SPRECHEN KONNTE, WAR ES GANZ WICHTIG, DASS MAN UNTEREINANDER EINEN GUTEN DRAHT ZUEINANDER FAND. DA MUSSTE MAN VERTRAUEN AUFBAUEN UND SICH OHNE WORTE VERSTEHEN «

351
AW58-8810

Hans Herrmanns persönliche Erinnerungen:

»AUF DEM BILD UNTEN SIEHT MAN HERBERT LINGE UND MICH. WIR RECHNEN MIT SCHLECHTEM WETTER, DENN WIR HABEN DIE REGENOVERALLS VON DUNLOP ANGEZOGEN.

DAS GROSSE BILD IST NICHT IN ITALIEN ENTSTANDEN. ES WAR IRGENDWO EIN RENNEN, WO HERBERT LINGE UND ICH MIT DEM SIEGER-AUTO DER MILLIE MIGLIA 1954 EINE EHRENRUNDE DREHEN DURFTEN.

OBEN VON LINKS: RICHARD VON FRANKENBERG, HEINRICH SAUTTER, HELM GLÖCKLER, MAX NATHAN UND ICH.«

Hans Herrmanns persönliche Erinnerungen:

»MILLE MIGLIA 1954 – HERBERT LINGE UND ICH. MAN SIEHT HIER EINE SCHNELLE KURVE, DAS RAD VORNE RECHTS VERLIERT FAST DIE BODENHAFTUNG WÄHREND DER PORSCHE HINTEN LINKS SCHON NACHGIBT. MAN SIEHT AUCH: DER FAHRER SCHAUT AUF DIE STRASSE, DER COPILOT IST MIT DEM GEBETBUCH BESCHÄFTIGT, UM MIR ANWEISUNGEN GEBEN ZU KÖNNEN.«

mel 1 einzusteigen und seinen Beruf als Rennfahrer weiter zu professionalisieren. Bei Mercedes gibt es richtige Verträge auf Papier mit Unterschriften, Versicherungen und allem, was ein Vertrag zu beinhalten hat. Bei Porsche zählte ein Handschlag, das war's.

Trotzdem: Ein Ehrenwort per Handschlag ist für Hans Herrmann bindend. Ein einmal gegebenes Wort hat bei ihm genauso viel Gewicht wie ein seitenlanger Vertrag, oder sogar noch mehr. Es war nämlich Ferry Porsche, dem er dieses Wort gegeben und dem er zugesichert hatte, auch im Jahr 1954 für ihn zu fahren. Hätten Porsche und der damalige Mercedes-Benz-Rennleiter Alfred Neubauer nicht einen Kompromiss gefunden, hätte Hans Herrmann sein Wort gehalten und seinen Traum vom Rennfahrerleben in der Formel 1 dann eben nicht oder später verwirklicht. »Ich war damals wirklich in der Bredouille, aber ich sagte zu Herrn Neubauer, dass ich Ferry Porsche mein Wort gegeben hatte und keinen Exklusivvertrag bei Mercedes unterschreiben konnte, der mir nicht erlaubte, andere Autos zu fahren. Zum Glück haben wir uns dann so geeinigt, dass ich für Mercedes Formel 1 und für Porsche Sportwagenrennen fahren konnte. So kam es, dass ich ab und zu zwei Starts pro Renntag hatte: Zuerst Porsche bei den Sportwagen, und dann bin ich umgestiegen auf den Mercedes.«

Das Jahr 1954 bringt aber noch eine weitere spannende Episode, die man sich, vor allem unter den Älteren, noch heute gerne erzählt in den Fahrerlagern dieser Welt: Die Mille Miglia 1954. Hans Herrmann ist im Porsche 550 Spyder gemeinsam mit Herbert Linge unterwegs. Schon beim Training stellen die beiden fest: Aha – es kreuzen Bahngleise die Rennstrecke. Das könnte zu erheblichen Zeitverlusten führen, wenn man an einer geschlossenen Bahnschranke im Rennen warten müsste. Naturgemäß nimmt die Bahn wenig Rücksicht auf die Belange des Motorsports, sodass die beiden Rennfahrer durchaus davon ausgehen mussten, dass ihnen mitten im Rennen ein Zug die schnelle Weiterfahrt verdirbt. Das einzige Entgegenkommen der Bahn bestand darin, während des Rennens die Bahnschranken erst im letzten Moment herunterzulassen, bevor ein Zug kommt. Dafür stellten die Rennveranstalter an den Schienen Männer auf, die mit Flaggensignalen die Fahrer auf herannahende Züge hinwiesen.

Während des Trainings machten die beiden Notizen und hielten bei der Erstellung ihres Gebetbuches alles fest, was ihnen wichtig erschien – auch und gerade wegen der Bahnübergänge. Unzählige Bahnübergänge kreuzten die Rennstrecke, und bei jedem einzelnen untersuchten sie die Beschaffenheit, um

Il percorso della XXI Mille Miglia

herauszufinden, mit welcher Geschwindigkeit der Bahnübergang überquert werden konnte. Diese Informationen waren lebenswichtig, denn wer zum Beispiel mit Top-Speed in einen Bahnübergang mit herausragenden Schienen oder tiefen Querrinnen braust, der kann sich nicht nur sein Fahrzeug ruinieren, sondern riskiert auch einen gefährlichen Unfall. Also vermerkte Herbert Linge im Gebetbuch an den relativ ebenen Übergängen: »schnell«, an den sehr tiefen Übergängen: »langsam«, und das alles in mehreren Abstufungen.

Nun denn: Es schlug die Stunde des Rennens, das Bahnschranken-Drama nahm seinen Lauf. »Wir fuhren in der Nähe von Pescara in eine Rechtskurve und konnten den Bahnübergang nicht einsehen. Herbert hatte jedoch einen schnellen Bahnübergang in bestem Zustand vermerkt und gab mir ein entsprechendes Signal. Ich gab mitten in der Kurve Gas und sehe dann, dass die Bahnschranken schon geschlossen sind. Ein Mann mit einer roten Flagge steht davor und winkt aufgeregt. Dieses Winken hat natürlich keinen Sinn mehr, denn bei rund 160 Stundenkilometern scheidet der Tritt auf die Bremse aus. Jede Sekunde kann der Zug kommen. Kurz denke ich darüber nach, einfach links oder rechts in die Botanik auszuweichen, entscheide mich dann aber doch, es darauf ankommen zu lassen, und gebe Vollgas. Herbert ist mit dem Gebetbuch beschäftigt, er bekommt von all dem nichts mit. Ich schlage ihm auf den Rennhelm. Er begreift sofort und zieht den Kopf ein. Der Funktionär springt mit seiner roten Flagge wedelnd zur Seite. Dann gehe ich auch in Deckung. Wir werden durchgeschüttelt, über uns zuckt etwas hinweg. Wir sind durch. In derselben Sekunde kommt der Zug.«

Bei diesem Parforceritt geht noch nicht einmal die Windschutzscheibe zu Bruch, alles bleibt heil. Allerdings werden die beiden mit dieser Zirkusnummer quasi über Nacht in Italien zu Volkshelden. Die Medien berichten voller Begeisterung über die beiden Rennfahrer, die direkt vor dem Zug unter den geschlossenen Bahnschranken hindurchfegten, ohne einen Kratzer davonzutragen. So erfuhr der Klassensieg von Hans Herrmann und Herbert Linge im 550 Spyder eigentlich genauso viel Aufmerksamkeit wie der Gesamtsieg von Alberto Ascari im Lancia. PR-Genie Huschke von Hanstein wusste so etwas natürlich pressetechnisch auszunutzen.

Obwohl Hans Herrmann 1954 noch den Großen Preis von Deutschland auf dem Nürburgring im Porsche 550 Spyder gewinnt und auch die Carrera Panamericana im 550er als Klassensieger und Dritter im Gesamtklassement beendet, bleibt die Vereinbarung zwischen Alfed Neubauer, Ferry Porsche und Hans Herrmann bestehen. Das heißt: 1955 fuhr Hans Herrmann dann nur noch für Mercedes. Ein fester Vertrag und die höhere motorsportliche Bedeutung machten ihm die Entscheidung leicht, sich zum ersten Mal von Porsche zu trennen.

Abb.
1954, Streckenverlauf der Mille Miglia, es gab immer mal wieder leichte Änderunen im Streckenverlauf.

GOETZE
PORSCHE

Hans Herrmanns persönliche Erinnerungen:

»MILLE MIGLIA 1954 - UNTEN SIEHT MAN EINEN AUSZUG AUS DER ENTFERNUNGSTABELLE. OBEN: DIE STARTNUMMER 351 BEDEUTET: WIR SIND NACHTS UM 3.51 UHR GESTARTET. DIE WAGEN WURDEN IM MINUTENABSTAND AUF DIE STRECKE GESCHICKT. DAS GROSSE FOTO IST IN BRESCIA IN DER VW-WERKSTATT NACH EINER TRAININGSRUNDE ENTSTANDEN. VON LINKS: EBERHARD STORZ, MECHANIKER, ROLF WÜTHERICH, DER EIN JAHR SPÄTER MIT JAMES DEAN VERUNGLÜCKTE, IM WAGEN HERBERT LINGE UND ICH, DANN HUBERT MÜMMLER , MECHANIKERMEISTER, UND HUSCKE VON HANSTEIN, RENNLEITER.«

IL PERCORSO

LOCALITÀ	Distanza	Distanza progress. Km.	LOCALITÀ	Distanza parziale Km.	Distanza progress. Km.
Brescia (partenza)	00	00	**Roma** (controllo)	33	874
Verona	68	68	Vetralla	68	942
Vicenza	50	118	Viterbo	13	955
Padova	33	151	Montefiascone	16	971
Rovigo	42	193	Bolsena	14	985
Ferrara	35	228	**Siena** (controllo)	116	1101
Argenta	35	263	Poggibonsi	26	1127
Ravenna (controllo)	40	303	**Firenze** (controllo)	44	1171
Forlì	27	330	Futa (Passo)	45	1216
Cesena	20	350	Raticosa (Passo)	13	1229
Rimini	30	380	**Bologna** (controllo)	49	1278
Pesaro	36	416	Modena	39	1317
Ancona	59	475	Reggio Em.	26	1343
Portocivitanova	48	523	Parma	27	1370
S. Bened. del Tronto	47	570	Piacenza	59	1429
Giulianova	22	592	Cremona	34	1463

Hans Herrmanns persönliche Erinnerungen:

»DAS WAR DER START VOR DER SOLITUDE, ICH BEREITE MICH AUFS RENNEN VOR, ZIEHE GERADE DEN HANDSCHUH AN. AM HELM ERKENNE ICH, DASS ES NACH MEINEM UNFALL 1959 AUF DER AVUS WAR, DENN ICH SEHE, DASS MEIN HELM SPUREN VON DEM UNFALL AUFWEIST. HIER, 1960, WAR ICH ZWEITER MIT DEM PORSCHE FORMEL 2.«.

VON HANSTEIN HAT DAS SAGEN

Bei Porsche hat Huschke von Hanstein als Rennleiter die Entscheidungsgewalt darüber, wer einen Werkswagen bekommt und wer nicht. So ist die Beziehung von Hans Herrmann und Porsche eigentlich die ganzen 19 Jahre über geprägt von dem Verhältnis zu Huschke von Hanstein. Und die beiden haben manchen Strauß auszufechten. Im Jahr 1956 startet Hans Herrmann wieder für Porsche, und das nicht ohne Erfolg: Drei erste Plätze (12 Stunden von Sebring, Solitude-Rennen, Großer Preis von Deutschland) springen dabei heraus. Eigentlich ein erfolgreiches Jahr, doch ein Nachteil des Erfolgs ist der, dass er bekanntermaßen viele Väter hat. Und die wollen alle ein wenig mitprofitieren. So gab es zwischen Hanstein und Herrmann Differenzen über die Aufteilung der gewonnenen Preisgelder: Ein Streit, der sicher nicht entstanden wäre, wenn alles sauber vertraglich geregelt gewesen wäre, doch leider war dies damals nicht so.

Nachdem es der Beziehung zwischen Huschke von Hanstein und Hans Herrmann also 1956 an Schmierstoff fehlte, kam es zum Bruch: im Folgejahr fährt Hans Herrmann, abgesehen von zwei Ausnahmen, nicht mehr für Porsche. »1957 war ein richtiges Mistjahr«, erinnert sich Hans Herrmann zerknirscht. »Ich hatte Krach mit Huschke, und der Maserati war ein richtiges Ausfall-Auto. Sebring fuhr ich nur für Porsche, weil Huschke nicht in die USA einreisen durfte, aber auch da bin ich ausgefallen. Die Durststrecke dauerte über sechs Monate, und ich bekam schon so meine Zweifel.«

Erst 1959 gibt es wieder eine Annäherung zwischen Hans Herrmann und den Zuffenhausener Sportwagen, und zwar aufgrund von Ferry Porsche. »Ferry Porsche war immer für mich, während Huschke von Hanstein nie für mich war.« Also startet Hans Herrmann 1959 zu Beginn der Saison für Porsche, und die Saison lässt sich gar nicht so schlecht an: Schon beim zweiten Einsatz, den 1000 Kilometern vom Nürburgring, lenkt Hans Herrmann den Porsche RSK zusammen mit Umberto Maglioli auf das Siegerpodest in der Klasse. Doch die Liaison ist nicht stabil, Hans Herrmann weicht auf andere Marken aus. Auf der Avus in Berlin startet er für BRM und verunglückt schwer. Wieder scheint das Verhältnis mit Porsche nur von kurzer Dauer zu sein, doch dieses Mal ist es Hans Herrmann, der auf Ferry Porsche zugeht. Hans Herrmann: »Wenn man so einen schweren Unfall hatte wie ich, dann ist man als

Hans Herrmanns persönliche Erinnerungen:

»DAS IST IN BRESCIA, VOR DEM RENNEN DIE TECHHNISCHE ABNAHME DER AUTOS. HIER WIRD DAS AUTO ÜBERPRÜFT, OB ES REGELKONFORM INS RENNEN GEHT. ES WURDE AUCH ÜBERPRÜFT, OB DAS LICHT GEHT. MAN IST IMMER GESPANNT BEI DIESEN ABNAHMEN, DENN MAN WEISS NIE, WAS DIE KOMMISSARE AM AUTO AUSZUSETZEN HABEN.«

Hans Herrmanns persönliche Erinnerungen:

»DAS GROSSE FOTO RECHTS IST BEI EINER TARGA FLORIO ENTSTANDEN. MAN SIEHT, WIE NAH DIE MENSCHEN AM MOTORSPORTGESCHEHEN DRAN WAREN. EIN GROSSTEIL DER STRECKE WAR UMSÄUMT VON ZUSCHAUERN, EINEN METER VON DER STRECKE WEG.

AUF DEM LINKEN BILD SIEHT MAN: RENNSPORT IST ANSTRENGEND. ICH LÄCHLE ZWAR, BIN ABER DOCH SICHTLICH GEZEICHNET VON DEM RENNEN.«

Rennfahrer natürlich verunsichert. Da muss man möglichst schnell wieder fahren. Bei dem BRM haben die Bremsen versagt. Also wollte ich schnell wieder in einem Wagen fahren, bei dem die Bremsen zuverlässig arbeiten. Und so bin ich zu Ferry Porsche gegangen und habe ihn wirklich gebeten, ob er mir nicht für den 30. August in Klosters in der Schweiz ein Auto für einen Berg-Europameisterschaftslauf geben könne, damit ich möglichst schnell wieder zur Rennpraxis zurückfinde. Obwohl ich noch mit einem gebrochenen Finger antreten musste, der mich beim Schalten spürbar behindert hat, und obwohl die Rennleitung das nicht befürwortet hat, hat mir Dr. Porsche außerplanmäßig diesen Einsatz genehmigt und mir einen Wagen gegeben. Das war eine gute Entscheidung von ihm, denn ich habe das Rennen gewonnen, war also Erster im Gesamtklassement und folglich auch Klassensieger. Das hat mir natürlich wieder Selbstvertrauen und Sicherheit gegeben.«

Im Jahr 1960 läuft es dann noch besser: Hans Herrmann gewinnt zusammen mit Olivier Gendebien die 12 Stunden von Sebring und die Targa Florio. Besonders die Targa Florio ist für Hans Herrmann kurios. Ein Blick in die Siegerliste erstaunt: Hans Herrmann ist Erster und Dritter im Gesamtklassement im selben Ren-

nen! Wie kann das gehen? »Das war wieder eine von Huschkes typischen Improvisationen«, erzählt Hans Herrmann und schmunzelt dabei. »Ihm war ein Fahrer ausgefallen, und so hatte er für die drei gemeldeten Großmütter, also die drei Porsche 718 RS 60 Spyder, nur fünf Fahrer anstatt sechs. Für jeden Wagen wurden bei der Targa Florio, die über zehn Runden á 72 Kilometer läuft, zwei Fahrer benötigt. So hat er mich gefragt, ob ich es mir konditionell zutrauen würde, bei ein und demselben Rennen auf zwei Autos zu starten. ›Ja‹, habe ich gesagt, und es war ein großer Erfolg. Schwierig war die Abstimmung beim Fahrerwechsel, aber es hat geklappt. Mit Jo Bonnier wurde ich Erster und mit Olivier Gendebien Dritter. Dazwischen haben sich übrigens Graf Wolfgang Berghe von Trips und Phil Hill mit einem Ferrari Dino 246 S geschoben.«

Die Herrmanschen Erfolge setzen sich fort: Den Porsche Formel 2 fährt er beim Großen Preis von Tirol in Innsbruck gar auf den 1. Platz, aber all das stimmt Huschke von Hanstein nicht versöhnlicher. Der große PR-Stratege duldet den großen Rennfahrer mehr, als dass er ihn willkommen heißt. Zu Huschkes 50. Geburtstag, der im Januar 1961 in großem Stil im Perkins Park in Stuttgart gefeiert wird, erhält Hans Herrmann keine Einladung – aus Platzgründen, wie es heißt.

Hans Herrmanns persönliche Erinnerungen:

»GROSSER PREIS VON MONACO, 1961, PORSCHE FORMEL 1. IN DEM JAHR WAREN DIE 1,5-LITER-AGGREGATE FORMEL-1-MOTOREN. ICH WAR 9. UND SEHR UNZUFRIEDEN. WIR WAREN EINFACH NICHT SO WEIT WIE DIE ENGLÄNDER, DIE EIN JAHR VORAUS WAREN MIT DER ENTWICKLUNG. MOSS AUF LOTUS GEWANN. ES WAR FÜR MICH NICHT LEICHT, HIER ZU FAHREN, WEIL ICH JA AUF DER STRECKE EINEN SCHWEREN UNFALL HATTE WEGEN DER BREMSEN, UND AUCH HIER HAT MIT DEN BREMSEN ETWAS NICHT GESTIMMT.«

Als 1961 die Erfolge ausbleiben – Hans Herrmann ist nunmehr 33 Jahre alt –, hat von Hanstein wieder Argumente, um Herrmann loszuwerden. Er lässt keine Gelegenheit aus, Hans Herrmann schlechtzureden. Bei den 1000 Kilometern vom Nürburgring 1962 kommt es zum Eklat. Gemeinsam mit Graham Hill holt Hans Herrmann im Porsche RS den Klassensieg. Bei der Siegesfeier soll Graham Hill unter dem Beifall der Anwesenden den Pokal für die schnellste Runde entgegennehmen. Eine Ohrfeige für Hans Herrmann, denn der weiß natürlich ganz genau, dass er selbst die schnellste Runde des Rennens gefahren ist. Hans Herrmann schweigt. Ein aufrechter Zeitnehmer dagegen kann in diesem Fall nicht schweigen. Er steht auf und stellt laut und deutlich fest: »Herr von Hanstein, nun machen Sie mal einen Punkt. Die schnellste Runde hat eindeutig Hans Herrmann gefahren.« Die Beweise dafür sind so eindeutig, dass Graham Hill den Pokal an Hans Herrmann überreichen muss. Schon zuvor, beim Großen Preis von Europa 1961 auf dem Nürburgring, hatte von Hanstein Ferry Porsche falsche Rundenzeiten von Hans

Abb. oben
1956, Mille Miglia, Porsche RS, ausgefallen. von links: Hans Herrmann, Werner Enz, Motorenchef und mein Beifahrer, Huschke von Hanstein und Wilhem Hild, verantwortlicher Rennigenieur

Herrmann genannt: Fünf Sekunden dichtete er Herrmann stets hinzu, so lange, bis Renningenieur Wilhelm Hilt sich empört einmischte: »Das stimmt alles nicht, Herr Dr. Porsche. Herrmann ist viel schneller, hier haben Sie die richtigen Zeiten.«

Von Hanstein war natürlich sauer, das Arbeitsklima dementsprechend eisig, und Hans Herrmann trennte sich erneut von Porsche. Porsche hatte sich ohnehin entschieden, nur noch mit zwei Wagen anzutreten. Ob die Reduzierung aus Kostengründen erfolgte – so die offizielle Verlautbarung –, oder ob das Vertrauen innerhalb der Chefetage zwischen Huschke von Hanstein und der Familie Porsche zu bröckeln begann, lässt sich heute nicht mehr nachvollziehen. Jedenfalls verkündet Dr. Ferry Porsche Ende 1961: »Hans Herrmann ist vom fahrerischen Stil her mir sogar der Liebste, aber ist auch etwas zu weich, was auf mangelndes Training und mangelnde Erfahrung zurückzuführen ist – er kommt für uns als Formel-1-Fahrer nicht mehr in Betracht.« Damit war Hans Herrmanns Formel-1-Karriere endgültig zu Ende. Er hinterlässt aus Porsche-Sicht einen ewigen Rekord: Im Porsche-Formel-1-Typ 718 fuhr er auf der Nordschleife des Nürburgrings zwischendurch mal eine Zeit von 9,01 Minuten, das entspricht einer Durchschnittsgeschwindigkeit von 151,9 Kilometern pro Stunde. Nie war mit diesem Auto jemand schneller.

Wie auch immer: Hans Herrmann geht zu Abarth nach Italien – ein Job, der ihm übrigens vom damaligen *auto-motor-und-sport*-Chefredakteur Wieselmann vermittelt wurde. Nicht nur Huschke hat offenbar Beziehungen zur Presse; die Verbindungen von Hans Herrmann sind mittlerweile auch ganz gut. Bei Abarth gibt es immerhin wieder einen Vertrag, wenn auch nur pro forma: »Es waren zwei Blätter, aber die Unterschriften und das Datum waren drauf.«

Abb. oben
1961, Porsche RS 61, Targa Florio, 3. Gesamtklassement

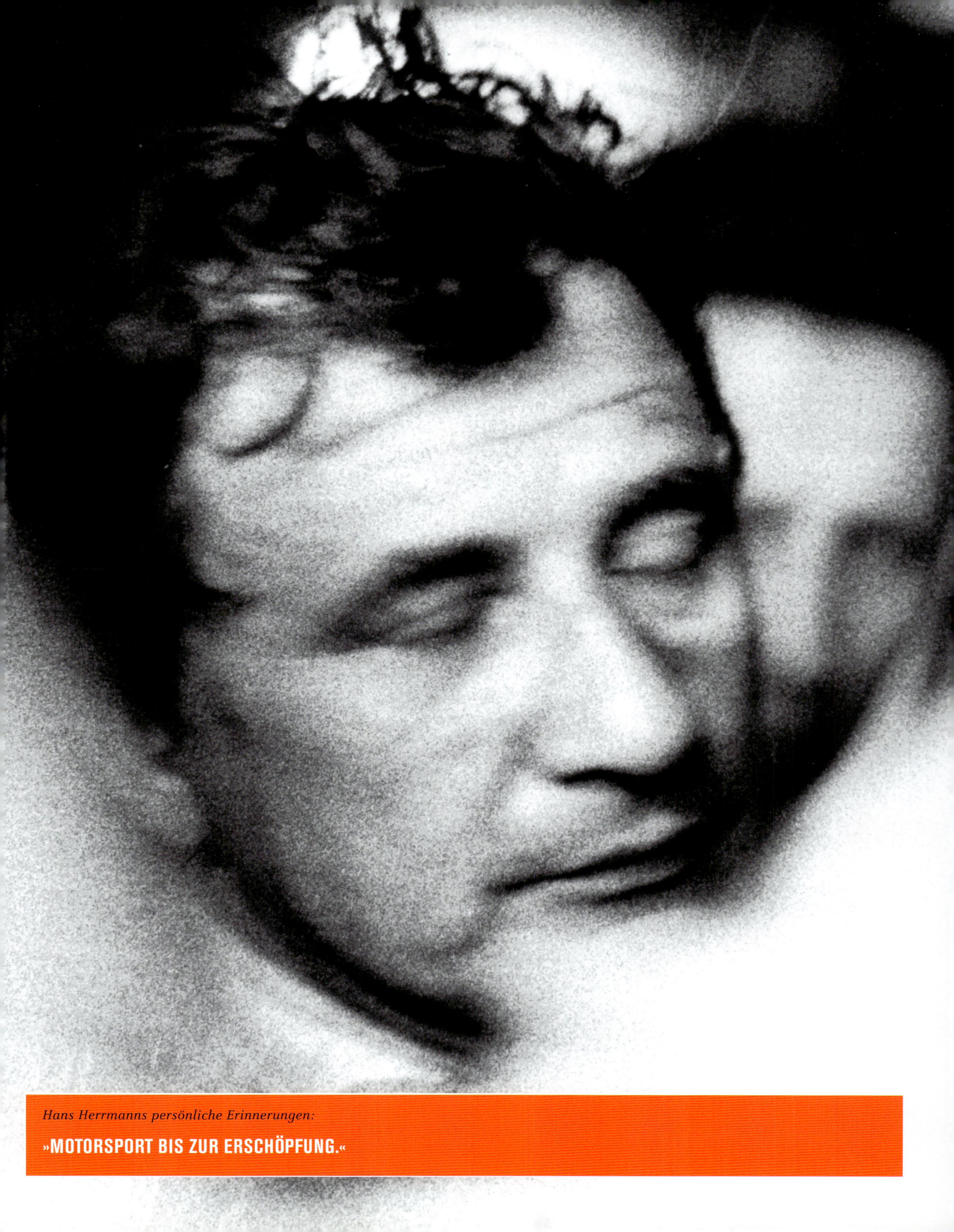

Hans Herrmanns persönliche Erinnerungen:

»MOTORSPORT BIS ZUR ERSCHÖPFUNG.«

DUNLOP
PORSCHE

P
4
P
1
P 8
P 7
P 16
P 17
P 19

Hans Herrmanns persönliche Erinnerungen:

»1966, DAYTONA, PORSCHE 906. KLASSENSIEG MIT HERBERT LINGE. DAS WAR DER ERSTE EINSATZ MIT DIESEM AUTO. VON DIESEM TYP HATTEN WIR NUR EINEN WAGEN IM EINSATZ, UND DER HAT GLEICH DIE KLASSE GEWONNEN.«

NEUES TEAM – NEUES GLÜCK

Erst im Jahr 1965 vertragen sich Huschke von Hanstein und Hans Herrmann wieder. Dieses Mal scheint der Friede nachhaltig zu sein: Hans Herrmanns erster Sohn Dino wird geboren, und Huschke von Hanstein ist Taufpate. Auch in der Porsche-Rennabteilung gibt es Neuigkeiten: Dort sorgt ein junger Ingenieur namens Hans Metzger für schnelle Autos und besonders für leistungsstarke Motoren. Ferdinand Piëch hat die Gesamtverantwortung für die Entwicklung bei Porsche übernommen, also auch für die Rennabteilung, und dort mit Metzger ein Team zusammengestellt, welches Automobilgeschichte schreiben sollte, besonders hinter den Kulissen. Wilhelm Hilt, Peter Falk, Paul Hensler, Herbert Mimmler, Herbert Linge und noch ein paar andere. Diese Mannschaft hat erst vor kurzer Zeit den Porsche 911 aus der Taufe gehoben, doch damit sind diese Männer nicht zufrieden. Unter der Leitung von Ferdinand Piëch streben sie nach Höherem: Sie wollen Autos bauen, mit denen mehr Gesamtsiege möglich sind, vor allem in Le Mans und Daytona. Und mit dem 906 beginnt die große Ära des Prototypenbaus bei Porsche – und Hans Herrmann ist von der ersten Stunde an mit dabei. Bei Abarth hat er vor allem als Testpilot gedient und dabei gelernt, präzise zu beschreiben, was die Ingenieure an den Fahrzeugen besser machen sollen, wo nachjustiert werden muss und wie sich die Änderungen auswirken. Diese Erfahrung ist nun für Porsche von großer Bedeutung.

Hans Herrmann ist sehr froh über die Wendungen in Zuffenhausen: »Und ich nehme an, Ferry Porsche hat ein Machtwort gesprochen, sodass ich jedenfalls gefragt wurde, ob ich nicht wieder im Porsche antreten und auch testen wolle. ›Sehr gerne‹, habe ich sofort gesagt. ›Zuffenhausen liegt mir näher als Turin.‹« Beflügelt von den neuen, für ihn sehr positiven Veränderungen fährt Hans Herrmann gleich bei seinen ersten drei Einsätzen der Konkurrenz davon. Mit dem 906 holt er die Klassensiege in Daytona (24 Stunden), in Sebring (12 Stunden) und in Monza (1000 km) für die Zuffenhausener. Beim Großen Preis von Österreich in Zeltweg fährt er zusammen mit Gerhard Mitter im 906 einen Gesamtsieg heraus. Erfolg motiviert offenbar: Auch 1967 ist Hans Herrmann mit sechs Siegen, einer davon ist wieder ein Gesamtsieg (Marathon de la Route, Nürburgring), weiterhin sehr erfolgreich. Doch der ganz große Wurf fehlt noch immer: Der kommt zu Beginn des Jahres 1968, als Hans Herrmann zusammen mit Vic Elford, Jochen Neerpasch, Rolf Stommelen und Jo Siffert

FERODO
FERODO
FERODO
ZL 692

Hans Herrmanns persönliche Erinnerungen:

»LE MANS, 1967. PORSCHE 907 LANGHECK. IN DIESEM JAHR HABEN JO SIFFERT UND ICH MIT DEM 907ER AUCH DEN INDEX OF PERFORMANCE GEWONNEN. WIR WAREN ALSO DIE BESTEN IM VERHÄLTNIS VON KILOMETERN ZUM VERBRAUCH. DER INDEX WAR FAST SO HOCH DOTIERT WIE DER GESAMTSIEG. HIER SIEHT MAN EINEN FAHRERWECHSEL IN DER NACHT. SIFFERT HATTE AUCH EIN BÄRIGE KONDITION AM STEUER, DER KONNTE AUCH SEHR LANG FAHREN.«

mit dem Porsche 907 die 24 Stunden von Daytona gewinnt. Ein ganz großer Moment in der Porsche-Geschichte, denn dies ist der erste Gesamtsieg in Daytona für Porsche. Im 907 versah übrigens ein 2,2-Liter-Sechs-Zylinder seinen Dienst: ein Motor, der nicht einmal halb so groß war wie die Hubraumriesen der Konkurrenz – aber trotzdem war der Wagen schneller.

Das Arrangement des Titelfotos, bei der drei 906 gewissermaßen gemeinsam über die Ziellinie fahren, ist eine von Huschkes letzten größeren Taten für Porsche. Mittlerweile ist nämlich für ihn das Arbeitsklima nicht mehr das beste. Hans Herrmann: »Ich erinnere mich an ein Szene, da fand unter den Technikern – und Ferdinand Piëch ist ein Techniker – ein Gespräch über ein technisches Problem statt. Da mischte sich von Hanstein ein, und Piëch fuhr ihm direkt in die Parade: ›Wissen's‹, sagte der zu von Hanstein, ›wenn Sie ihren Mund aufmachen und über Technik sprechen, kommt nichts heraus. Lassen Sie ihn zu‹. Die beiden konnten sich also überhaupt nicht riechen.« Derart ausgebremst, leitet Huschke von Hanstein Konsequenzen ein und zieht sich Ende des Jahres 1968 zurück. »Verstehen Sie mich nicht falsch«, sagt Hans Herrmann, »Huschke von Hanstein hat 1953 bei Porsche angefangen, also quasi zur selben Zeit wie ich. Was Huschke von Hanstein als

PR-Chef für Porsche in seinen 17 Jahren geleistet hat, ist mit Gold nicht aufzuwiegen. Von Beginn an war er PR-Chef, Marketing-Chef, Rennleiter, im Prinzip ein Hansdampf in allen Gassen, der überall gebraucht wurde. Heute gibt es für das, was er alleine gemacht hat, gleich mehrere Abteilungen. Worin er sehr gut war: Er konnte wirklich Schlagzeilen produzieren und hat die Marke Porsche groß gemacht. Wenn der einen Fotografen gesehen hat, dann ist er hingegangen. So war er – eben sehr kommunikativ.«

Auf von Hanstein folgt Rico Steinemann als Rennleiter, doch das Steuer der Rennabteilung ist fest in Ferdinand Piëchs Hand. Piëch legt weniger Wert auf die Herkunft aus adeligem Hause als vielmehr auf Leistung. Und da nimmt er sich selbst nicht aus. Hans Herrmann: »Piëch hat genau hingeschaut. So hat er zum Beispiel gesehen, dass auf den Rennstrecken deutlich mehr Rechts- als Linkskurven zu fahren sind. Ergo solle doch mehr Gewicht auf der rechten Fahrzeugseite sein. Schon der Porsche 908 war ein Rechtslenker, der 917 auch. Das bringt nicht nur Verschleißersparnis, sondern die Fahrer sind auch in der Lage, die Rechtskurven präziser zu nehmen. Der Nachteil war: Man musste sich umstellen und mit der linken Hand schalten.«

PORSCHE
DUNLOP
S-AU 606
HU-U 283
53

Hans Herrmanns persönliche Erinnerungen:

»DAS IST DIE SÜDSCHLEIFE AM NÜRBURGRING, WO WIR IMMER UNSERE TESTS GEFAHREN HABEN. OBEN RECHTS DER MANN MIT HUT AM LINKEN VORDERRAD IST FERDINAND PIECH. DER HAT ALSO MIT ZUGELANGT. LINKS IM BILD IST PETER FALK, DER WAR SPÄTER RENNLEITER.

WIE MAN UNTEN SIEHT, HABEN WIR UNSER LAGER UNTER DER BRÜCKE AUFGESCHLAGEN, DAMIT WIR NICHT GANZ IM REGEN STEHEN MUSSTEN.«

DUNLOP

FAMILIENDUELL

Das Schalten mit der linken Hand fällt Hans Herrmann offenbar recht schnell recht leicht. Unvergessen sind seine beiden Fahrten in Le Mans im Jahr 1969 und 1970. »Porsche wollte unbedingt 1969 schon mit dem 917 starten, doch der war eigentlich noch gar nicht fertig«, resümiert Hans Herrmann. »Also bekam ich den 908.« Hans Herrmann weiß genau, dass der Porsche 917 mit Abstand der beste Rennwagen ist im Le-Mans-Feld des Jahres 1969. Der 917 wäre mühelos in der Lage, die Ford GT 40 zu schlagen, die seinerzeit das Renngeschehen dominieren. Doch Hans Herrmann weiß auch, dass in diesem Jahr der Motor von Hans Metzger seiner Zeit voraus ist. Der Zwölfzylinder beschert dem 917 eine Höchstgeschwindigkeit nahe der 400-km/h-Grenze! Doch die Aerodynamik ist noch nicht so weit, sodass die Bodenhaftung bei dieser Geschwindigkeit stark zurückgeht. Außerdem gibt es nach wie vor Schwierigkeiten, die Leistung von 600 PS auf die Straße zu bringen. Kurzzeitig geht das schon, aber in Le Mans müssen Kupplung und Getriebe 24 Stunden lang halten. Mit diesem Wissen im Hinterkopf geht Hans Herrmann ins Rennen. Die Vermutung, dass sein Auftritt zu einem späteren Zeitpunkt im Rennen kommen wird, liegt nahe.

Der erste Paukenschlag in diesem Jahr ertönt gewissermaßen mit dem Fallen der Startflagge. Alle Fahrer sprinten über die Start-Zielgerade, werfen sich in ihre Autos und brausen davon. Alle, bis auf einen: Der Belgier Jacky Ickx, der den Gulf-Ford aus dem John-Wyer-Team fährt, spaziert gemütlich zu seinem Auto, schnallt sich in aller Ruhe an und jagt dem Feld hinterher. Ickx will damit auf die Gefahr des Le-Mans-Starts aufmerksam machen, der seinerzeit stark in der Kritik steht. Jacky Ickx verschenkt wertvolle Sekunden beim Start. Der erste Porsche 917 fällt gleich in der ersten Kurve aus. John Woolfe lässt es sich nicht nehmen, den Start selbst zu fahren. Sein Copilot Herbert Linge muss zuschauen, wie Woolfe im Maison Blanche die Kontrolle über den Wagen verliert und an der Mauer zerschellt. Woolfe stirbt sofort an Ort und Stelle. Der zweite 917 wird abgeschlagen nach 15 Stunden aus dem Rennen genommen, nachdem Reparaturversuche gescheitert waren. Immerhin: Der dritte 917 fährt weit, weit voraus, bis nach 21 Stunden der 917 von Vic Elford und Rich Attwood abgestellt wird: Getriebeschaden. Der Vorsprung des 917 war derart immens, dass die verlorenen Sekunden am Start Jacky Ickx auch keine bessere Position beschert hätten. Jetzt liegt der Gulf-Ford aus dem John-Wyer-Team plötzlich an erster

Hans Herrmanns persönliche Erinnerungen:

»DAS WAR DAS FAMILEINDUELL MIT JACKIE ICKX 1969. WIE MAN SIEHT, BIN HIER GERADE ICH VORNE – WIR HABEN UNS ZWEI, DREI MAL PRO RUNDE ÜBERHOLT. ES GAB NIE WIEDER EIN LE-MANS-RENNEN, DAS SO KNAPP AUSGING.«

Shell
64

P
3

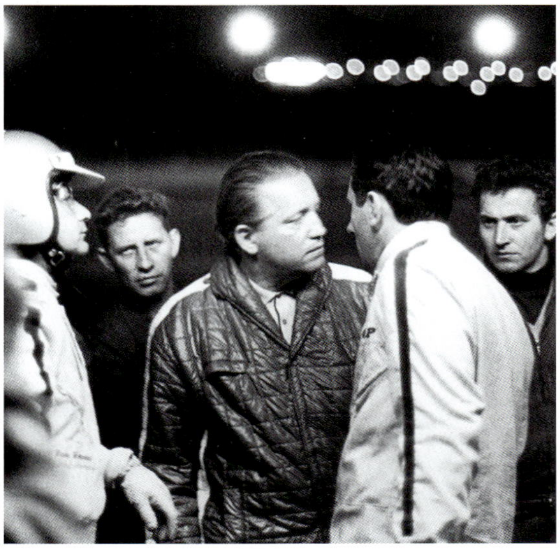

Hans Herrmanns persönliche Erinnerungen:

»DA FLIEGT ER AUF DEM GROSSEN BILD - MIT ALLEN VIEREN IN DER LUFT. DAS IST AM NÜRBURGRING, WEIL MAN DA ZWEI, DREI MAL IN DER LUFT IST. ES WAR 1968 MIT ROLF STOMMELEN: 2. PLATZ HINTER DEN TEAM-KOLLEGEN JO SIFFERT UND VIC ELFORD.«

Stelle. Allerdings: Hans Herrmann im Werks-908 ist nur ein paar Sekunden dahinter. Aus der Box bekommt er das Signal »Grün« – das bedeutet Gas geben. Und das tut er. Nach wenigen Runden hängt er Jacky Ickx am Auspuff, und es entbrennt ein Duell in den letzten 1,5 Stunden dieses Rennens, wie es der Circuit de la Sarthe wohl noch nie gesehen hat. Ein Duell, bei dem mehrmals pro Runde die Führung gewechselt wird, in dem man sich nichts schenkt. Gar nichts. Ein Duell aber auch, welches über die Rennstrecke hinaus eine gewisse Brisanz aufweist. Hans Herrmann im Porsche fährt nämlich gegen den Ford von John Willment. Die Initialen »J. W.« auf den blauen Gulf-Wagen stehen nicht, wie irrtümlich oft angenommen, für John Wyer. John Wyer ist »nur« Renndirektor und damit ein Angestellter von John Willment, dem das Gulf-Racing-Team gehört. Und John Willment ist der Schwager von Hans Herrmann. Magdalena Herrmann, die Frau von Hans Herrmann, hat eine Schwester, die mit dem englischen Geschäftsmann Willment verheiratet ist. Willment ist seinerzeit weltweit der größte Ford-Händler, sein Firmenimperium ist breit gefächert, zeitweise beschäftigt er 50 Architekten. »Also, ich wundere mich heute noch, dass nicht einmal die Boulevardpresse das Duell der Schwestern in Le Mans ausgeschlachtet hat«, erzählt Magdalena Herrmann. Jedenfalls wäre es durchaus denkbar gewesen, dass Hans Herrmann an Stelle von Jacky Ickx den Ford fährt. An Angeboten vom Schwager mangelte es nicht, doch Magdalena Herrmann war dagegen: »Ich wollte doch, dass mein Mann wieder gesund nach Hause kommt. Und da war der Porsche auf jeden Fall das sicherere Auto.« Hans Herrmann bestätigt diese Aussage: »Soweit ich mich erinnern kann, haben wir nur ganz wenige Ausfälle wegen eines technischen Defekts bei Porsche gehabt.«

Schwager hin oder her: Dass der Ausgang des Rennens in Le Mans 1969 nunmehr zu einer Familienangelegenheit geworden ist, bemerkt kaum jemand. Ickx und Herrmann holen aus sich und den Autos das letzte raus. In den Kurven ist der 908 von Hans Herrmann schneller, auf den Geraden zieht der GT-40-Bolide immer wieder am Porsche vorbei. Dann plötzlich: Rote Lampe im Cockpit von Hans Herrmann. Bremsbeläge wechseln. »Ich hatte jetzt die Wahl, an die Box zu fahren, die Bremsbeläge wechseln zu lassen und sicher Zweiter zu werden. Der Drittplatzierte war weit weg. Aber jede Chance auf den Sieg wäre vertan gewesen.« Also entscheidet sich Hans Herrmann gegen einen Boxenstopp. »Dass die Beläge nicht mehr gut waren, habe ich auch ohne die Warnanzeige gemerkt. Aber ich habe gehofft, dass vielleicht auch beim Wagen von Jacky Ickx etwas sein könnte.«

Und so war es. Der 5-Liter-Ford GT 40 kann keinen entscheidenden Vorteil gegen den 3-Liter-Por-

sche 908 herausfahren. Runde um Runde vergeht, doch der Punkt ist der: Auf der Zielgeraden ist der Ford stets vor dem Porsche. Aber nur ein paar Meter. Hans Herrmann fährt. Er fährt am Limit, genau wie Jacky Ickx: In der Indianapolis-Kehre schlingert Ickx zwei Runden vor Schluss, muss über einen Sandhaufen fahren, doch er gewinnt die Kontrolle über das Auto zurück. Hans Herrmann hat kaum Boden gut gemacht, Ickx ist sofort wieder präsent, und das alte Spiel vom Überholen und Überholtwerden geht weiter, mit immer demselben Ergebnis: Auf Höhe der Ziellinie führt der Ford.

Hans Herrmann beginnt nachzudenken. Mitten im Gebrüll der Motoren, im Gestank von Benzin und Gummiabrieb, schweißgebadet von den letzten 24 Stunden körperlicher und psychischer Anstrengung, auf dem Höhepunkt des Rennens. 400.000 Zuschauer sind aus dem Häuschen. Mechaniker fuchteln mit den Armen wild durch die Luft und feuern an. Journalisten fotografieren, jubeln, weinen, fiebern mit. Die Spannung ist beinahe unerträglich. Und Hans Herrmann fährt und denkt nach: »Ich begann zu überlegen: Wie könnte ich dieses Rennen nur gewinnen? In der letzten Runde schoss mir folgende Idee durch den Kopf: 1969 war eine Schikane kurz vor der Ziellinie. Wenn ich nun in dieser letzten Runde den Wagen vor der Schikane nicht auf etwa 90 Stundenkilometer abbremsen würde, sondern mit vollen 280 Stundenkilometern direkt geradeaus über die Kurbs schießen würde, was würde wohl passieren? Sicher, dachte ich, wäre ich dann als erster über der Ziellinie. Gewinnen würde ich ganz sicher, aber wie komme ich im Ziel an? Mit 280 Stundenkilometern über die Kurbs zu preschen, da würde sich das Auto wahrscheinlich überschlagen, und dann? Dann wäre ich zwar Sieger, aber vielleicht tot. Und dann? – Ich hab's nicht gemacht.«

Auf der Hunaudiéres-Geraden zieht der Ford wieder am Porsche vorbei, fährt durch die besagte letzte Schikane und gewinnt. Der Vorsprung beträgt 120 Meter. Knapper war es nie in Le Mans. Leider ist nicht bekannt, ob und wie oft Jacky Ickx seine Start-Aktion während des Rennens bereut hat. Als Trost nehmen Hans Herrmann und Gerard Larousse den Siegerkranz bei den Sportprototypen mit nach Hause – der GT 40 fuhr in der Sportwagenklasse.

Abb. oben
Versuche auf dem Nürburgring

Hans Herrmanns persönliche Erinnerungen:

»UNTEN: DAS IST DIE TARGA FLORIO. VON LINKS: GRAF PUCCI, BONNIER, STORZ, ICH, DAN GURNEY UND GRAHAM HILL.

OBEN: BRANDS HATCH MIT ATTWOOD AUF DEM 917ER - DRITTER IM GESAMTKLASSEMENT.

GROSSES BILD: HANS HERRMANN BEIM RÜCKWÄRTSFAHREN. DAS WAR IMMER EIN WENIG EIN GEFUMMEL, BEI DEN RENNWAGEN DEN RÜCKWÄRTSGANG EINZULEGEN.«

1970 – SIEG UND ENDE

Fakt ist jedenfalls: Die Demonstration beim Start von 1969 bleibt nicht unbemerkt: Ein Jahr später ist der Le-Mans-Start Geschichte und die Fahrer sitzen im Wagen beim Start. Es sollte das entscheidende Rennen werden.

Hans Herrmann hatte sich Anfang des Jahres 1970 ganz im Stillen Gedanken gemacht, wie er denn seine Karriere als Rennfahrer beenden könne. »Ich wusste, ich würde aufhören.« Aber aufhören ist niemals leicht, besonders dann nicht, wenn man so viel Freude am Rennfahren und auch so viel Erfolg hat. Doch der Stuttgarter, der mittlerweile das Schwabenalter von 40 Jahren überschritten hatte, sah durchaus die Gefahren des Rennsports, und er fühlte die Verantwortung seiner Familie gegenüber. Gerhard Mitter stirbt 1969. Im Jahr 1970 verunglückt Jochen Rindt tödlich in Monza wegen eines Bruchs an der Bremswelle. Viele Freunde und Bekannte lassen auf der Rennstrecke ihr Leben. In den Jahren 1950 bis 1980 verunglücken im Durchschnitt drei Fahrer pro Jahr tödlich. Hans Herrmann wird sehr ernst bei diesen Worten. »Sie müssen sich vorstellen, ich habe also in zehn Jahren 20 Freunde verloren! Alle tot.« Immer häufiger stellt ihm auch seine Frau die Frage: »Hans, wann hörst Du auf?« Sein Freund Herbert Linge hängt den Rennanzug in den Schrank, und irgendwie ist es Zeit, Schluss zu machen. Aber wie?

Im Juni 1970 bricht Hans Herrmann nach Le Mans auf. Er steigt in sein privates Auto, einen Porsche 911, sitzt auf dem Fahrersitz. Der Motor läuft noch nicht. Sein Sohn Dino spielt auf der Einfahrt. Magdalena beugt sich zu ihm ans Fenster, um sich zu verabschieden. »Hans«, sagt sie leise, »wenn Du dieses Mal gewinnst, hörst Du dann auf, ja?« Ohne Zögern kommt die Antwort: »Ja, Madeleine, wenn ich gewinne, höre ich auf. Ich verspreche es Dir.« Dann dreht er den Zündschlüssel herum, der Motor startet, und er fährt davon in Richtung Westen. Zum letzten Mal geht er als Pilot eines Rennwagens, aber das weiß er noch nicht.

Nachdem Porsche gesehen hat, wie überlegen der 917 immerhin 21 Stunden Le Mans dominiert hat, gilt es nun, Hausaufgaben zu machen und das Auto so hinzubekommen, dass es auch 24 Stunden hält. Hans Herrmann ist bei den Tests dabei. Er fährt und gibt Verbesserungshinweise. Man bekommt die Aerodynamikprobleme in den Griff – nicht zuletzt dank der Hinweise

Hans Herrmanns persönliche Erinnerungen:

»DA GAB ES WAS ZU FEIERN: JO SIFFERT, EINE JUNGE DAME UND ICH. ES WAR EINMAL IN AMERIKA ...«

aus dem Gulfteam, die ebenfalls am 917er experimentieren und schnell feststellen, dass schon ab 130 Stundenkilometern der Abtrieb nachlässt. Sie verpassen dem Auto ein längeres Heck und vor allem ansteigende Heckflächen, und der Wagen wird fahrbarer. Bei drei Einsätzen vor Le Mans ist die ganze Chancenlosigkeit der Konkurrenz deutlich sichtbar, sofern der 917 nicht ausfällt. Die 1000 km von Brands Hatch, Monza und Spa gewinnt jeweils ein Porsche 917, und das auch noch bei unterschiedlichem Wetter. In Brands Hatch regnet es, in Spa scheint die Sonne. Für Hans Herrmann allerdings scheint das Jahr 1970 zunächst wenig erfolgreich zu sein. Nicht ein Sieg glänzt auf seiner Liste.

Porsche hat sich mittlerweile entschieden, seine genialen Ingenieure vermehrt für andere Aufgaben einzusetzen, und die 917er an private Rennteams abgegeben. Porsche Salzburg ist eines dieser Teams, John Wyer Gulf Racing ist ein anderes. Das Familienduell setzt sich also fort, wenn auch markenintern. Hans Herrmann und Richard »Dick« Attwood teilen sich das Cockpit eines Salzburger 917. Mit Helmut Frauenschuh, in Fachkreisen bekannt als »Käfer«, steht ihnen ein sehr kluger Chefmechaniker zur Seite. Hans Herrmanns Strategie ist klar, und er schwört seinen Teamkollegen Dick Attwood ein. Insgesamt 13-mal ist Herrmann in Le Mans gefahren, dies ist sein 14. Auftritt auf der wohl

bedeutendesten Bühne des Motorsports. Aus seiner Erfahrung weiß Hans Herrmann, dass heißes Blut und Vollgas an der Sarthe nicht zum Erfolg führen, sondern eher Ruhe und Gleichmäßigkeit. Er redet auf seinen Teamkollegen ein: »Zurückhaltung, Gewinnen reicht, das Auto nicht ans Limit fahren. Beim Kampf um Spitzenplatzierungen und Rekordrunden halten wir uns zurück. Schauen, dass das Auto hält, und dann sehen wir, wo wir landen.«

Dr. Ferry Porsche persönlich übernimmt die Rolle des Starters. Als die Fahne fällt, werden die Motoren angelassen, und die Hatz beginnt. Hans Herrmanns 917 mit der Start-Nummer 23 steht an 14. Stelle. Die beiden setzen auf Gleichmäßigkeit und fahren abwartend im Mittelfeld, ohne sich in die Kämpfe an der Front einzumischen. Gegen 18.15 Uhr fällt schon die Vorentscheidung. Die einzigen einigermaßen ernst zu nehmenden Konkurrenten für die 917 sind die Ferrari 512 S. Doch bei einem Unfall fallen gleich vier davon aus. In der Nacht fährt Jacky Ickx mit dem 512 S

Abb. oben
Inspektion beim Porsche 917

52

Hans Herrmanns persönliche Erinnerungen:

»DAS WAR MEIN ABSCHIED MIT RAINER GÜNZLER IM AKTUELLEN SPORTSTUDIO. ALS ICH MEINE KARRIERE BEENDET HATTE, HATTE MEIN FREUND GÜNZLER EINE TOLLE SENDUNG FÜR MICH GEMACHT. DIE GANZEN POKALE HABEN SIE MIT EINEM LKW BEI MIR ZU HAUSE ABGEHOLT, ALLES EINGEPACKT. UND SORGFÄLTIG AUFGEBAUT.«

von der Strecke, und der schnellste Ferrari im Training stellt schon nach fünf Runden die Funktionstätigkeit ein. Damit ist lediglich noch offen, welcher der 917er gewinnen wird.

Die Gulf-Porsche werden allerdings ebenfalls durch Verluste geplagt. Schon in der zweiten Stunde erleidet der 917 von Rodriguez/Kinnunen Motorschaden. Gulf-Porsche Nummer zwei ist auch nicht mehr im Rennen, der war schon in der Anfangsphase mit einem stehenden Alfa kollidiert. Kurz nach zwei Uhr nachts kommt der dritte Gulf-917 von Jo Siffert und Brian Redman mit ölüberschwemmtem Motor und sieben Runden Vorsprung vor dem Zweitplazierten nicht mehr aus der Box zurück auf die Rennstrecke. Jo Siffert behauptet, ein Gang sei herausgeflogen, doch ein Mechaniker vom Gulf-Team schimpft laut: »Du hast dich verschaltet am Ende der Zielgeraden, es gibt genügend Ohrenzeugen.« Die Gulf-Mechaniker packen das Werkzeug zusammen.

Vic Elford und Kurt Ahrens im Salzburger 917 fallen durch einen längeren Boxenstopp zurück. David Piper hat eine größere Reparatur an der Frontpartie zu verkraften. Und so ist mitten in der Nacht plötzlich ein Auto in Führung, das wegen der ausgeklügelten, zurückhaltenden Fahrweise bisher niemandem so richtig aufgefallen war. Es ist der Wagen mit der Nummer 23 von Hans Herrmann und Dick Attwood. Alle Konkurrenten, die mit aller Macht nach vorne gestürmt sind und dabei nur bedingt Rücksicht auf ihr Material, ihre Autos genommen haben, haben sich aufgerieben. Wie Hans Herrmann zu Beginn des Rennens richtig einschätzte, fordert die Jagd in Le Mans ihre Opfer, und das sind in diesem Fall die Jäger selbst.

Doch bis zur Zielfahne ist es noch weit, und auf die beiden cleveren Piloten wartet alles andere als eine Spazierfahrt. »Wissen Sie, der 917 war eigentlich ein gutmütiges Auto, aber bei Regen war er eine Katastrophe.«

So betrachtet müssen Attwood und Herrmann nun einen großen Teil der 24 Stunden mit einer »Katastrophe« fahren, denn es regnet zeitweise wie aus Eimern. »Ich weiß nicht mehr, wie oft wir die Reifen wechseln mussten.« Das Wetter wird immer schlimmer. Es regnet immer heftiger, vor allem gegen Morgen. Man kann kaum noch andere Wagen erkennen. Attwood und Herrmann legen den Schongang ein. Bloß am Auto nichts kaputt machen. Hoffentlich bleibt das Auto ganz. Dennoch: Hans Herrmann stellt den Wagen ein paar Mal quer, fängt ihn aber immer wieder ab und bleibt in Führung. Kurz vor 16 Uhr sind von 51 gestarteten Autos noch sieben im Rennen. Kurz vor 16 Uhr spult ein großer Rennfahrer die letzten Kilometer einer großartigen Karriere ab. Und um 16 Uhr, als Hans Herrmann zum letzten Mal durch die Ford-Kurve pfeift, noch einmal das Gaspedal durchtritt, den Motor hochdrehen lässt und die Zielflagge fallen sieht, gewinnt Porsche zum ersten Mal die 24 Stunden von Le Mans auf dem Circuit de la Sarthe.

Hans Herrmann lässt den Wagen ausrollen. Richard und Hans fallen sich in die Arme, der Jubel kennt keine Grenzen. Brüllen, Schulterklopfen, Umarmungen, Tanz. Altgediente Mechaniker von Porsche haben Tränen in den Augen. Seit 22 Jahren baut Porsche Sportwagen. Viele Menschen haben auf so einen Sieg jahre-, manche sogar jahrzehntelang hingearbeitet, und nun beschert ihnen der Mann, der ebenfalls fast zwei Jahrzente lang Höhen und Tiefen mit ihnen erlebt

Hans Herrmanns persönliche Erinnerungen:

»DER DREIFACHSIEG IN DAYTONA: ES WAR EIN HISTORISCHER MOMENT FÜR PORSCHE, WEIL PORSCHE HIER ZUM ERSTEN MAL DEN GESAMTSIEG IN DAYTONA GEHOLT HAT, UND DAS GLEICH TRIUMPHAL MIT DEN ERSTEN DREI PLÄTZEN.“

hat, endlich den Triumph. Hans Herrmann. Und der Triumph ist überwältigend. In diesem Jahr gewinnt Porsche alle Wertungen.

Zwischen dem Porsche 550 Sport, mit dem Hans Herrmann 1953 zum ersten Mal Le Mans gefahren ist, und dem 917 von 1970 liegen Welten. Hans Herrmann hat sie alle durchfahren, diese Welten des Motorsports. Erst am Abend dieses Tages, dieses 14. Juni 1970, nachdem die erste, ausgelassene Freude verflogen ist, wird Hans Herrmann bewusst, was hier und heute zu Ende geht. Man trifft sich zur Siegesfeier – natürlich ein Galaabend. Dorothea Porsche, Ferrys Frau, umarmt den strahlenden Sieger ganz herzlich mit den Worten: »Gott sei Dank, Hans, dass Du jetzt aufhörst, Gott sei Dank.« Etwas nüchterner betrachtete Frau Louise Piëch die Situation, als Hans Herrmann beteuert, das Versprechen gegenüber seiner Frau zu halten und nicht wieder in einen Rennwagen zu steigen. »Moment, Herr Herrmann«, wirft Frau Kommerzialrätin ein, »Sie haben einen Vertrag.« »Ich sorge für Ersatz, Frau Piëch«, antwortet Hans Herrmann, und an seiner Stelle fährt der Weltmeister von 1967, Dennis Hulme, die Saison zu Ende.

Zurück in Stuttgart, werden die Helden von Le Mans groß gefeiert: Sie bekommen einen Empfang, wie er sonst eigentlich nur Fußballweltmeistern zuteil wird. Mit den 917ern fahren sie auf den Marktplatz. Es herrscht Volksfeststimmung. Wenig später ist Hans Herrmann zu Gast im aktuellen Sportstudio. Der rote Siegeswagen mit der Nummer 23 steht vor einer riesigen Galerie an Pokalen. Hans Herrmann gibt ein Interview. Was soll er auch sonst jetzt tun?

Abb.
1968, Porsche 907, 24 Stunden von Daytona, Gesamtsieg

HANS HERRMANN IM MERCEDES-COCKPIT
SILBERPFEILE
INS HERZ DES MOTORSPORTS

STUTTGART, WERASTRASSE IM JULI 1953. DAS TELEFON LÄUTET. ES IST KURZ VOR MITTAG. DER 25-JÄHRIGE HANS HERRMANN, DER JUNGE, HOCHTALENTIERTE RENNFAHRER, DER DIE NÄCHTE GERNE LANG UND DIE TAGE DAFÜR KÜRZER MAG, GEHT, NOCH EIN WENIG VERSCHLAFEN, AN DEN APPARAT. »HIER NEUBAUER, MERCEDES BENZ. HABEN SIE LUST, MAL MIT EINEM UNSERER WAGEN ZU FAHREN?«, TÖNT EINE KRÄFTIGE MÄNNERSTIMME AUS DER OHRMUSCHEL.

»Herr Herrmann, Sie gefährden die Expedition!«

Hans Herrmann ist perplex. Vor etwas mehr als einem Jahr hat er seine erste Rennsportveranstaltung absolviert, und schon klingelt der große Alfred Neubauer, der Rennleiter von Mercedes-Benz, bei ihm an und offeriert ihm eine Testfahrt in einem Silberpfeil? Es war damals zumindest in Rennfahrerkreisen sehr wohl bekannt, dass Mercedes-Benz seine Rückkehr in die Königsklasse des Motorsports vorbereitet, in die Formel 1. Habe ich hier etwa die Chance auf einen Einstieg in die Formel 1? Denkt Hans Herrmann. Und während er – sich noch halb im Traum befindend – so stillschweigend darüber nachdenkt, dauert dem Anrufer diese Phase des Erwachens zu lange: »Ja, wollens nu oder wollens net?«, donnerte Neubauer mit seinem österreichischen Slang und seiner Stimme, die Hans Herrmann später mit den Posaunen von Jericho vergleicht, dem jungen Rennfahrer entgegen. »Ja sicher will ich«, bringt der gerade noch heraus. »Dann kommens in drei Tagen zu Probefahrten an den Ring«, antworte Neubauer. »Servus«. Und das Gespräch war zu Ende.

Hans Herrmann ist komplett perplex. Genauso bekannt wie die Tatsache, dass Mercedes in die Formel 1 zurückkehrt, war nämlich das Rennpersonal. Hermann Lang, der Europameister von 1939, Karl Kling, der Sieger der Carrera Panamericana, und Juan Manuel Fangio waren im Gespräch. Außerdem glaubte man, dass Mercedes im Falle eines Falles auf Richard Tränkl zurückgreifen würde, den deutschen Meister, doch es kam anders. Tränkl verunglückte, und Alfred Neubauer entschied sich, seine drei Einsatzwagen mit zwei erfahrenen Rennpiloten und einem Youngster zu besetzen. Fangio und Kling sollten als erfahrene Piloten antreten, und für die Besetzung des dritten Wagens entschied man sich für ein »Casting« in der Eifel: Bei Probefahrten am Nürburgring sollten sich fünf Fahrer beweisen, darunter der belgische Journalist Paul Frère, der Borgwardpilot Günter Bechem und Hans Klenk aus Stuttgart, ebenfalls kein unbekannter Mann: Klenk war der Beifahrer von Karl Kling bei der Siegesfahrt der Carrera Panamericana 1952 mit einem 300 SL. Die beiden gewannen, obwohl ihnen ein Geier in die Windschutzscheibe geflogen war. Außerdem siegte Klenk selbst als Fahrer 1953 auf der Avus mit einem Borgward.

Tja – und dann war da noch Hans Herrmann, dessen größter Erfolg in seiner bis dato rund einjährigen Laufbahn der Klassensieg in einem Porsche 550

Hans Herrmanns persönliche Erinnerungen:

»DAMALS HAT MERCEDES BEIM BÜRGERMEISTER ANGEFRAGT, OB MAN DIE SOLITUDE-RENNSTRECKE MAL EINEN TAG FÜR TESTS SPERREN KONNTE. DIE SOLITUDE BESTEHT AUS ÖFFENTLICHEN STRASSEN. TATSÄCHLICH HAT RENNLEITER ALFRED NEUBAUER DEN OBERBÜRGERMEISER ARNULF KLETT ÜBERZEUGT, DASS DIES MÖGLICH WURDE. DIE 4.52 MIN. WAR EINE REKORDRUNDE VON MIR, DAS HEISST ICH WAR SCHNELLER ALS DIE ETABLIERTEN FAHRER HERMANN LANG UND KARL KLING. DAS WAR DIE SCHNELLSTE RUNDE AUF DER SOLITUDE.«

Hans Herrmanns persönliche Erinnerungen:

»DAS IST DER STROMLINIEN-MERCEDES W 196 - DER WAGEN HATTE EINEN C_W-WERT VON 0,61. EIN HEUTIGES AUTO HAT ETWA 0,3. DIE KAROSSERIE BESTAND AUS MAGNESIUMBLECH; DAS WAR SEHR SCHWER ZU VERARBEITEN. DAS FOTO ENTSTAND IN HOCKENHEIM KURZ VOR MEINEM SCHWEREN STURZ.«

Sport bei den 24 Stunden von Le Mans war. Für ihn bedeutete der Anruf von Neubauer nicht die nur die Riesenchance, sich einen Platz in der Formel 1 zu erwerben, sondern es bedeutete für den Autoenthusiasten Hans Herrmann auch den Zugang zu deutlich schnelleren Autos: »Mein erster Porsche, etwas mehr als ein Jahr alt, hatte rund 60 PS. Die Werksrennwagen kamen vielleicht auf rund 80 bis 90 PS, aber der Silberpfeil hatte schon weit über 200 PS!« Trotz der unglaublichen Faszination und der Bedeutung für Hans Herrmanns Zukunft als Rennfahrer scheint der 25-jährige die Sache doch recht gelassen zu sehen: Am 21. Juli, morgens um 8.30 Uhr, standen wie verabredet Neubauer, die Ingenieure Uhlenhaut, Nallinger und Kostelezky sowie die anderen Rennfahrer, einige Mechaniker und Reifenspezialisten von Continental und Englebert an der Rennstrecke bereit. Wer fehlte, war Hans Herrmann, der erst wach zu bekommen war, als die lauten Motoren der Rennwagen beim Warmlaufen den jungen Rennfahrer aus dem Bett dröhnten.

Die Piloten bekommen zunächst die Gelegenheit, ein paar Runden mit den Wagen zu drehen, um sich mit den Autos vertraut zu machen: »Jedem von uns war aber klar, dass die Zeiten schon jetzt genommen und auch bewertet werden«, erinnert sich Hans Herr-

mann. Am Nachmittag des ersten Tages verunglückt Hans Klenk: Ohne jegliche Bremsspur hinterlassen zu haben, liegt der Wagen von Klenk mit den Rädern nach oben im Graben. Klenk ist schwer verletzt und kann nie wieder Rennen fahren. Der Testbetrieb wird eingestellt und erst am nächsten Tag fortgesetzt.

Hans Herrmann präsentiert sich ausgesprochen ausgeschlafen: Beim dritten Testdurchgang ist er mit 11:02 Minuten zehn Sekunden schneller als der zweitschnellste Frère. Beim vierten und letzten Durchgang nimmt er mit einer Zeit von 10:46 dem wiederum Zweitplatzierten Frère vier Sekunden ab. Trotz des Fehlstarts am ersten Tag gewinnt er den Respekt des großen Mercedes-Rennleiters Alfred Neubauer, der in seinem Bericht über dieses Fahrer-Casting, das bei ihm unter der Bezeichnung »Schulungsfahrten« läuft, festhält: »Das Fazit aus diesen Proben kann daher nur folgendes sein: Fahrer Hans Herrmann wird, wie einst bei uns die Fahrer Lang, Geier, Hartmann, Brendel, Nachwuchsfahrer in dem Sinn, dass er bei allen Erprobungen gleich wie ein Hauptfahrer eingesetzt wird. Herrmann ist unbedingt ein Naturtalent und ein sehr ausdauernder Fahrer, was sein Sieg im 1000-Meilen-Rennen von Italien (Mille Miglia 1953, Klassensieg auf einem Porsche 1500 S mit Copilot Erwin Bauer, Anm. des Autors) und

Hans Herrmanns persönliche Erinnerungen:

»DAS IST DER TRAININGSUNFALL VON HOCKENHEIM. DA BIN ICH IN DIE HAUSWAND REINGEFAHREN, WEIL ICH ZWEI RADFAHRERINNEN AUSGEWICHEN BIN. DABEI HAT ES MICH AUS DEM AUTO RAUSGESCHLEUDERT. ALS DIE ERSTEN PASSANTEN KAMEN, DACHTEN DIE, ICH LIEGE TOT UNTERM AUTO, WAR ABER SCHON AUF DEM WEG INS KRANKENHAUS.«

Hans Herrmanns persönliche Erinnerungen:

»AUF DIESEM BILD BIN ICH NACH DEM HOCKENHEIM-UNFALL SCHON WIEDER ENTLASSEN. DIE HABEN MICH UNTERSUCHT, VERARZTET UND NACH HAUSE GESCHICKT. DOCH ZU HAUSE IN STUTTGART HABEN SIE MICH DANN DOCH EIN PAAR TAGE STATIONÄR BEHANDELT IM KARL-OLGA-KRANKENHAUS.«

beim 24-Stunden-Rennen von Le Mans bewiesen hat. Herr Herrmann ist erst 25 Jahre alt, lebt in Stuttgart, sodass alle günstigen Voraussetzungen gegeben sind. Wenn wir ihn nicht einsetzen können, müssten Mittel und Wege gefunden werden, dass er auf Porsche sich weiter ausbilden kann.«

Im Oktober 1953 trifft man sich wieder zu Probefahrten, dieses Mal auf der Solitude, die mit 11,4 Kilometern Streckenlänge ebenfalls als sehr schwierig gilt. Den Streckenrekord hält bis dato der australische Motorradrennfahrer Ken Kavangh, der mit einer 500er Norton eine Zeit von 4:58 erreichte. Hans Herrmann hängt wiederum hart am Gas: Im 300 SL stellt er mit 4:52 einen neuen Rundenrekord auf und ist gleichzeitig elf Sekunden schneller als der Zweitschnellste, Uhlenhaut.

Am 19. Februar 1954 werden die neuen Silberpfeile der Presse präsentiert, rund 20 Jahre, nachdem die silbernen Autos 1934 beim Eifelrennen am Nürburgring ihren ersten Sieg eingefahren haben. Die Diskussion um die Namensgebung der »Silberpfeile« hat über Jahrzehnte hinweg Motorsportexperten beschäftigt, doch Hans Herrmann weiß eine eindeutige Antwort auf diese Frage: »Also, es war im Reglement des Motorsports damals so, dass jedem Land eine bestimmte Farbe zugewiesen war. Italienische Autos mussten rot sein, britische grün, französische blau, österreichische rot-weiß, deutsche weiß und so weiter. Silber war nicht vergeben. Beim großen Preis von Frankreich 1934 galt die Regel, dass die Autos nicht schwerer als 750 Kilogramm sein durften. Beim Wiegen einige Wochen vorher hatte der Wagen aber 751 Kilogramm, und so entschied Neubauer schon vor dem Eiffelrennen 1934, dass der weiße Lack von den Mercedes-Rennwagen abgekratzt werden sollte, um auf das Gewicht von 750 Kilogramm zu kommen – eine Nacht- und Nebelaktion, die nach heutigen Schätzungen insgesamt etwa sechs Kilogramm Gewichtsersparnis von Lack, Grundierungen und ein wenig Spachtelmasse eingebracht haben müsste.«

Diese Geschichte bestätigten auch der Verleger und Rennfahrer Paul Pietsch und viele andere Zeitzeugen. Doch über die Jahre hinweg vermehrten sich auch kritische Stimmen, die diese Version der Geschichte der Namensgebung der Silberpfeile bestritten. Ihr

Kennzeichnung der Fahrzeuge.

Rennwagen der Formel 2:

Die Farben der Fahrzeuge und der Startnummern entsprechen der Nationalität des Bewerbers:

Belgien:	gelb	Italien:	rot
Dänemark:	weiß mit Danebrok	Luxemburg:	perlgrau
Deutschland:	weiß	Portugal:	rot-weiß
England:	grün	Schweden:	blau-gelb
Finnland:	schwarz	Schweiz:	weiß-rot
Frankreich:	blau	Verein. Staaten:	weiß-blau
Holland:	orange		

Preise.

An Preisen sind ausgesetzt: a) **Geldpreise:**

	Sportwagen Klasse F	Sportwagen Klasse E	Gesamtklassement Sportwagen Klasse B/C und D	Rennwagen Formel 2
	DM	DM	DM	DM
1.	1500,—	2000,—	3000,—	5000,—
2.	1000,—	1500,—	2000,—	4000,—
3.	800,—	1000,—	1500,—	3000,—
4.	600,—	700,—	1000,—	2000,—
5.	400,—	500,—	700,—	1000,—
6.	300,—	400,—	500,—	600,—
7.	200,—	300,—	300,—	400,—

b) **Prämien:**

	Sportwagen Klasse F	E	D	B/C	Rennwagen Formel 2
	DM	DM	DM	DM	DM
Dem Fahrer der schnellsten Runde	200,—	300,—	300,—	300,—	500,—
*) Dem bestklassierten deutschen Fahrer auf deutschem Fabrikat	200,	300,—	400,—	400,—	800,—
Der Monteurmannschaft des Siegerwagens	200,—	200,—	200,—	200,—	200,—

*) Diese Prämie gelangt nur zur Verteilung, wenn der Klassensieg an einen Ausländer oder an einen Deutschen auf ausländischem Fabrikat fällt.

Die Sieger eines jeden Rennens erhalten einen Ehrenpreis und Siegerkranz mit Schleife.

Hauptargument lautet, dass Mercedes schon zu dieser Zeit so präzise gearbeitet hat, dass keinesfalls ein Rennwagen mit Übergewicht zu einem Rennen geschickt worden wäre. Vielmehr hätte Neubauer auf die bohrenden Fragen von nervenden Journalisten mal wieder einen seiner markigen Sprüche abgefeuert und sich dabei an eine Geschichte aus seinem eigenen Buch »Heute lacht man drüber« aus dem Jahr 1951 erinnert, in dem er schreibt: »So musste also vor zwei oder drei Jahren (also 1948/1949) ein Fahrer, dessen Name mir nicht mehr erinnerlich ist, die Lackierung von seinem Wagen herunterkratzen, um ein oder zwei Kilogramm zu gewinnen.«

Wie auch immer, zurzeit kann weder die eine noch die andere Story belegt werden, allerdings gibt es eigentlich keinen Grund, an der »Lack-ab-Geschichte« zur Entstehung der Silberpfeile zu zweifeln. Gerade Anfang der 30er Jahre hat im Sport – auch im Motorsport – Politik eine zunehmende Rolle gespielt. Die Interessenlage war relativ undurchschaubar, und ob so eine Waage im richtigen Moment immer genau dasselbe Gewicht anzeigt? Interessant wäre hierzu auch ein Blick in alte Unterlagen der Motorsportverbände zur Klärung der Frage, wie man denn vorgeht, wenn ein Auto an den Start geht, welches nicht in der zugehörigen Landesfarbe lackiert ist.

All diese Gespräche, Diskussionen und Debatten gab es natürlich auch 1954, als auch Hans Herrmann die neuen Silberpfeile präsentieren konnte. Hans Herrmann steht mittlerweile als dritter Mann im Team fest. Im Frühjahr 1954 werden die Silberpfeile weiter getestet. Hans Herrmann bekommt einen Vertrag mit der Daimler-Benz Aktiengesellschaft, der außer einem kompletten Versicherungspaket auch eine finanzielle Entschädigung dafür enthält, dass er aufgrund der verzögerten Testphase der Silberpfeile, die erst am 4. Juli in die Rennsaison einsteigen, ebenfalls erst später in der Saison für Mercedes starten kann. Für die Wartezeit bekommt er pro Tag ein Salär von 23 D-Mark. Da ist sie wieder, unsere »23«, die Hans Herrmann immer begleitet hat. In seinem ersten Jahr in der Formel 1 steht die »23« im Zusammenhang mit der Wiederkehr von Mercedes-Benz in die Königsklasse. Man will somit sicherstellen, dass Hans Herrmann keine unnötigen Risiken durch andere Renneinsätze eingehen muss, damit er zur Einhaltung seines Vertrages auch im Silberpfeil-Cockpit Platz nehmen kann.

Bei den Testfahrten 1954 am Hockenheim-Ring erleidet Hans Herrmann seinen ersten schweren Unfall. Am 12. Mai 1954 werden die stromlinienverkleideten Silberpfeile auf dem Hockenheimring getestet. Die 2,5-Liter-Aggregate leisten bereits 260 PS. Alfred Neubauer schildert den Unfall in einer »Durchsage« an die Versicherung und an die Daimler-Direktion so: »Nach etwa 150 Kilometern Fahrt des Herrn Kling wurde Herr Hans Herrmann eingesetzt. Er fuhr zunächst fünf Runden, um sich einzufahren. Nach einer Pause von 15 Minuten sollte er eine 100-km-Probe durchführen. Etwa in der 6. Runde stürzte der Wagen.

Die Ursache war die, dass sich ein Schlauch der Ölrückleitung löste und das siedende Öl auf den rechten Fuß des Herrn Herrmann spritzte. Herrmann erschrak dadurch und rutschte vom Bremspedal ab. Er konnte nicht mehr in die Stadtkurve einlenken und fuhr geradeaus etwa 400 m in den Ort, wobei er zwei Radfahrern auswich und in eine Seitengasse fahren

22

Hans Herrmanns persönliche Erinnerungen:

»DAS WAR MEIN ERSTER WERKSEINSATZ MIT MERCEDES-BENZ IN DER FORMEL 1: ES WAR DER 4. JULI 1954, AM SELBEN TAG, ALS DEUTSCHLAND FUSSBALLWELTMEISTER WURDE. MIT DREI WAGEN SIND WIR IN REIMS GESTARTET. FANGIO UND KLING GEWANNEN FÜR MERCEDES, ICH BIN AUSGEFALLEN, HATTE ABER DIE SCHNELLSTE RUNDE IM RENNEN GEFAHREN, UND DESHALB HABE ICH GLEICH BEI MEINEM ERSTEN FORMEL-1-RENNEN PUNKTE BEKOMMEN.«

musste. Der Wagen schellte gegen ein Haus, in dem er zwei dort stehende Frauen verletzte. Die Verletzungen der Frauen sind nicht schwer. Auch Herr Herrmann ist mit geringen körperlichen Schäden davongekommen. Es ist nur der rechte Fuß vom kochenden Öl verletzt. Nach ärztlicher Behandlung nehmen wir Herrn Herrmann nach Hause. Ich bitte Sie, die Versicherung anzumelden.

Ort des Unfalls:	Hockenheim, Stadtkurve.
Zeit des Unfalls:	14.45 Uhr
Fahrer:	Hans Herrmann, Stuttgart
Wagen:	Formelrennwagen 2,5 Liter.

Die Polizei nimmt eine Unfallskizze auf und sendet sie uns zu. Die Adressen der Verletzten besitze ich und gebe morgen ein genaues Protokoll darüber.
Der Rennwagen hat Totalschaden.
Gez. Neubauer
Ut. Den 12.5.54«

Was sich hier recht nüchtern und wie eine Lappalie anhört, war in Wirklichkeit viel gefährlicher. Zu dem Zeitpunkt, als Neubauer diesen Bericht absetzte, konnte er noch gar nichts Genaues über den Gesundheitszustand von Hans Herrmann und den Unfallhergang wissen.

Die sogenannte Friedhofskurve war eine sehr schnelle Kurve in Hockenheim, die Stadtkurve danach eine sehr enge Kurve, vor der das Auto stark heruntergebremst werden musste. Als sich das Öl mit geschätzten 120 Grad und einem Druck von mehreren Atü über den Fuß von Hans Herrmann und die Pedalerie ergoss und – wie man sich vorstellen kann – stark brennende Schmerzen auslöste, befand sich Hans Herrmann auf der Anfahrt zur Stadtkurve. Dass er trotz dieses Schmerzes und der hohen Geschwindigkeit von zirka 200 km/h die Geistesgegenwart besaß, auf die Seitenstraße auszuweichen, die von der Rennstrecke in Richtung Ort abzweigte, dass er dabei dann noch die beiden Radfahrerinnen erkannte und mit einem Manöver, das eher sein eigenes Leben als das der Damen hätte been-

Abb. oben
1954, Mercedes W 196, Großer Preis von Frankreich in Reims, schnellste Runde

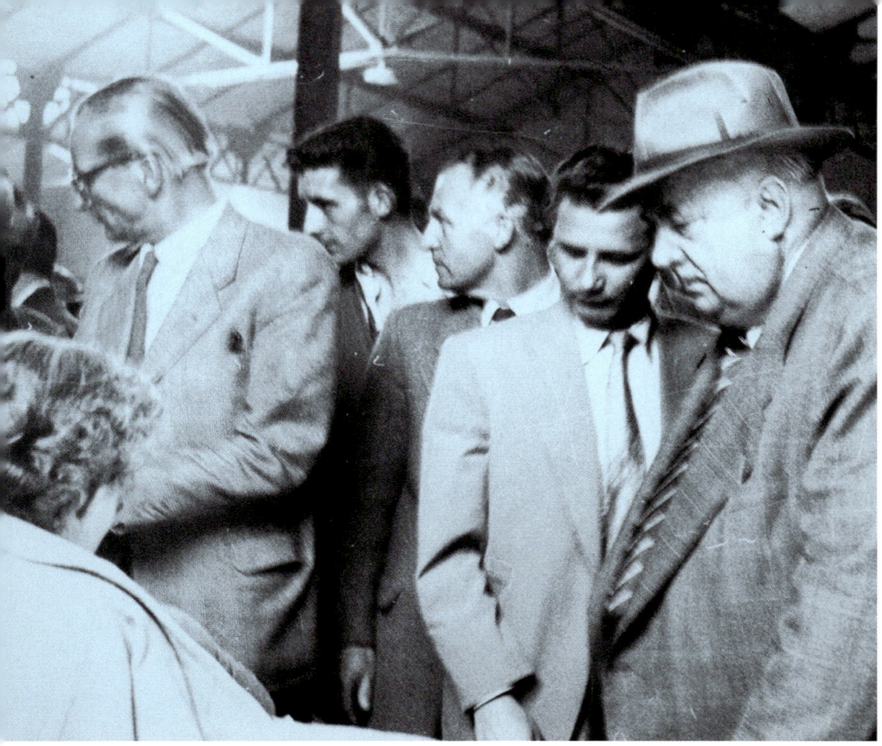

Hans Herrmanns persönliche Erinnerungen:

»DAS BILD UNTEN ZEIGT EINE HEIKLE GESCHICHTE. ICH FAHRE AN VIERTER POSITION BEIM GRAND PRIX IN REIMS. VOR MIR FÄHRT GONZALES MIT DEM FERRARI. DER DREHT SICH IN DER KURVE, UND ICH FAHRE UM HAARESBREITE AN IHM VORBEI. DAS AUTO IST DANACH AUSGEBRANNT.

BEIM FOTO OBEN STEHEN WIR BEI DER FAHRER-KONTROLLE.

RECHTS MACHT DER RAUCH ES DEUTLICH – HIER KÜNDIGT SICH DER MOTORSCHADEN IN REIMS AN.«

VIRAGE
DE THILLOIS
TE nº 7
POSTE nº 7
22

den können, das Leben der Frauen rettete, hat noch einmal ein ganz andere, eine heroische Dimension. Jedenfalls touchierte er die beiden Damen nur leicht, sodass die mit ungefährlichen Verletzungen davon kamen. Die zwei stehenden Frauen aus Neubauers erstem Unfallbericht gab es nicht, das waren die Radlerinnen. »Die habe ich dann später im Krankenhaus getroffen«, so Hans Herrmann, »und ich war sehr froh, dass den beiden fast nichts passiert war. Sie konnten ja nichts dafür.«

Dass Hans Herrmann diesen Unfall überlebt, hat er zwei Faktoren zu verdanken. Zum einen der Initiative von Karl Kling, der vor Beginn der Testfahrten just an der Stelle, an der Hans Herrmann abflog, dafür sorgte, dass Absperrungsdrähte entfernt wurden. Diese Absperrungen, die Kling übrigens auch an zwei, drei anderen Punkten der Rennstrecke rigoros entfernen ließ, hätten dem Piloten den Kopf vom Leib getrennt. Und zweitens einem Bordstein: Als Hans Herrmann die Radfahrerinnen erblickte, musste er mit hoher Geschwindigkeit in die Seitengasse ausweichen. Bei diesem Manöver, von dem Hans Herrmann wusste, dass es nicht gelingen konnte, fuhr er über einen Bordstein und wurde dabei aus dem Wagen geschleudert. »Da hab' ich nur noch gedacht, das war's. Ich habe versucht, mich zu bewegen, und es hat funktioniert. Ich stand auf, spürte

"CASA SCANIA"
41, VIA SAN GIORGIO
LUGANO-RUVIGLIANA

30.Mai 1955

Mein lieber Herrmann,

Mit grossem Bedauern erfuhr ich die Nachricht von Ihrem Unfall in Monte-Carlo.Die ersten Nachrichten waren schlimm,und so schien es zwecklos Sie in der Klinik zu besuchen.

Ganz genau weiss ich heute noch nicht wie Ihre Verletzungen sind,man sprach von einem ausgerenkten Bein und Brustverletzungen.Bei Prof.Frey sind Sie gewiss in besten Händen,ich hatte auch von ihm gehört, leider zu spät;als ich in Bern verunfallte.

Ich wünsche Ihnen Geduld.. und gute Heilung.Wissen Sie, in Ihrem Alter vollbringt der Körper Wunder und auch die Rückkehr ins Leben ist leichter wenn man jung ist. Sie haben trotz allem Schmerz und Kummer Glück gehabt, denn wie der Unfall war,hätte es leicht übel ausgehen können.

Kann ich etwas für Sie tun,können Sie lesen,wollen Sie Kreuzworträtsel ? Die Langeweile kommt erst nach einigen Wochen.

Seien Sie meiner freundschaftlichen Gefühle versichert, und mit besten Wünschen und herzlichen Grüssen auch von meiner Frau,verbleibe ich

Ihr

Rudolf Caracciola

Hans Herrmanns persönliche Erinnerungen:

»DAS IST KURZ VOR MEINEM SCHWEREN UNFALL 1955 IN MONTE CARLO BEIM ABSCHLUSSTRAINING. ICH ALS JÜNGSTER HABE DEN WAGEN MIT DEM LANGEN RADSTAND BEKOMMEN. FANGIO UND SIMON HABEN DEN FÜR DIESE STRECKE BESSER GEEIGNETEN WAGEN MIT DEM KURZEN RADSTAND GEFAHREN.«

aber, dass ich gleich bewusstlos werden würde. Ich ging in eine Haustüre hinein, drei Stufen hinauf in ein Wohnzimmer. Da sah ich ein Sofa, legte mich hin und wurde ohnmächtig. Als ich wieder zu mir kam, sah ich nur die Köpfe von Uhlenhaut, Neubauer und Kling. Es war wie im Film, ich nahm alles nur ganz verschwommen wahr. Draußen vor der Tür war eine riesige Aufregung, weil die alle dachten, der Fahrer liegt unter dem Auto. Die haben geschrieen ›Der ist tot!‹, dabei lag ich im Wohnzimmer.«

Die Verbrennungen am Fuß sind schlimm, Hans Herrmann wird immer wieder ohnmächtig auf der Fahrt ins Krankenhaus. Doch auch die Ärzte kümmern sich zunächst nicht um den Fuß. Erst nachdem sie das Röntgenbild vom Brustkorb in Augenschein genommen und keine größeren Verletzungen festgestellt hatten, kümmern sie sich um die Brandwunde. Hans Herrmann ist tatsächlich drei Wochen später wieder fit und fährt am 2. Juni 54 das Eifelrennen und zehn Tage später die 24 Stunden von Le Mans für Porsche auf einem 550er – allerdings ohne Erfolg. Doch das Wichtigste stellt Neubauer schon zwei Tage nach dem Unfall in einem weiteren Bericht an die Direktion fest: »Wesentlich ist, dass Herrmann nicht den geringsten Nervenschock davongetragen und keinerlei Hem-

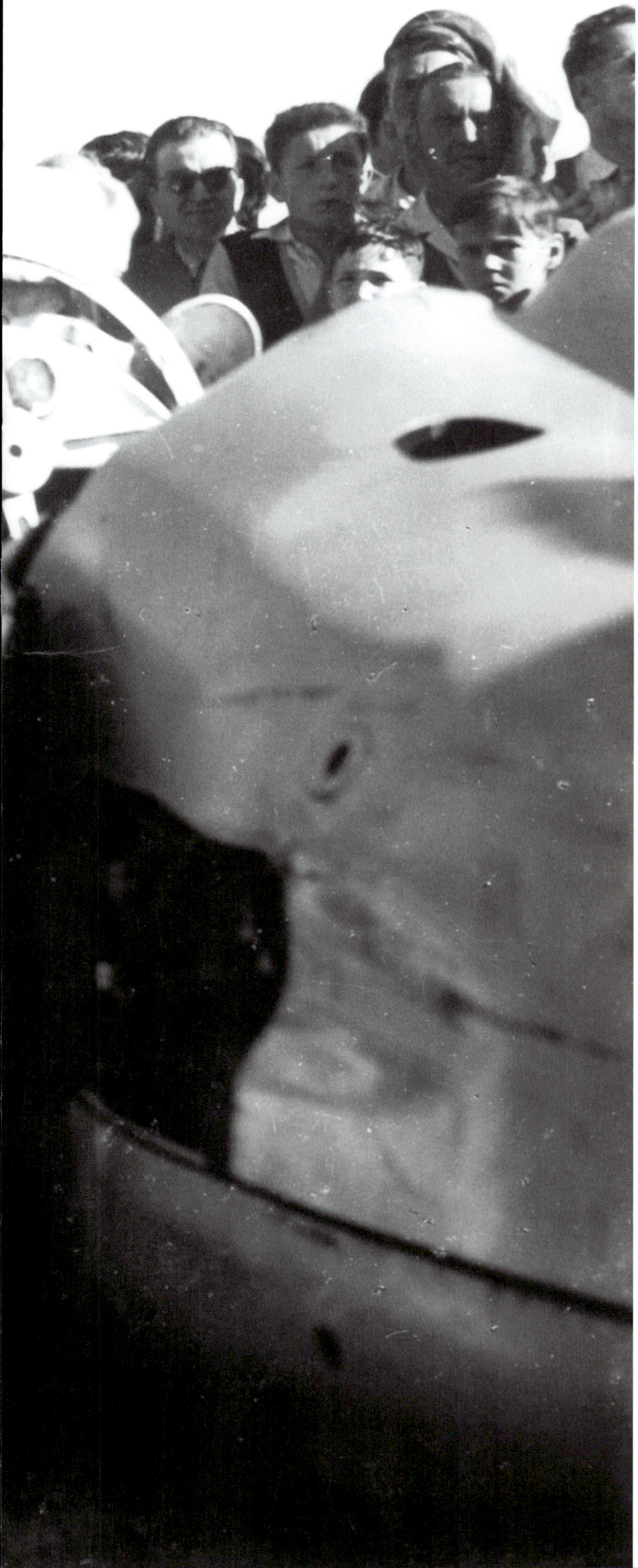

Hans Herrmanns persönliche Erinnerungen:

»DURCH EIN BLOCKIEREN DER BREMSEN HABE ICH DIE KONTROLLE ÜBER DEN RENNWAGEN VERLOREN UND BIN IN DIE STEINBALUSTRADE GEGENÜBER VOM HOTEL DE PARIS EINGESCHLAGEN. DA HATTE ICH VIEL GLÜCK GEHABT, DASS ICH DIESEN UNFALL ÜBERLEBT HABE. INNERHALB VON 3,5 BIS 4 METERN IST DER WAGEN VON 170 STUNDENKILOMETERN AUF NULL HERABGEBREMST WORDEN. ES IST WIRKLICH EIN WUNDER, DASS ICH NOCH AM LEBEN BIN.«

mungen bezüglich des Fahrens hat.« Am 17. Mai heißt es dann: »Nachdem Herr Herrmann nach wenigen Runden auch auf unseren Rennwagen vorzügliche Zeiten fuhr, bleibt er als Fahrer Nr. 3 von uns für den ›Großen Preis von Frankreich‹ eingeteilt.« Hans Herrmanns Gesundheit scheint übrigens eine nationale Angelegenheit geworden zu sein; Daimler-Benz bekommt ein Telegramm aus dem Bundesministerium für Verkehr. Der damalige Verkehrsminister Dr. Ing. Seebohm schreibt: »Ich freue mich, Sie zu dem glimpflichen Ausgang Ihres Unfalles auf dem Hockenheimring beglückwünschen zu dürfen. Ich wünsche Ihnen eine recht baldige und völlige Wiederherstellung Ihrer Gesundheit.«

Es naht also der große Tag, der 4. Juli 1954. Ein großer Tag für Deutschland. Zwei sportliche Großereignisse sorgen an diesem Tag dafür, dass Deutschland zehn Jahre nach dem Ende des Zweiten Weltkriegs wieder erste Anzeichen von einem Selbstwertgefühl entwickelt. Zu Hause an den Rundfunkgeräten, nur ganz wenige haben Fernseher, sitzen die Menschen und lauschen

Abb. oben
1955 Mercedes-Benz W 196, Großer Preis von Monaco

Abb. rechts
1955, Monte Carlo, Training, Mercedes-Benz W 196

gespannt der Live-Übertragung zum Endspiel der Fußballweltmeisterschaft aus Bern. Deutschland als Außenseiter tritt gegen Ungarn an. Die Geschichte ist bekannt: Das Wunder von Bern hat sich für die Deutschen so angehört: »Aus! Aus! Aus! Aus! Das Spiel ist aus! Deutschland ist Weltmeister, schlägt Ungarn mit 3 : 2 Toren im Finale von Bern!« Und während sich zu Hause hunderttausende Menschen in die Arme fallen, bekommt Hans Herrmann nichts mit von der sich überschlagenden Begeisterung des Radioreporters Herbert Zimmermann. Hans Herrmann ist in Frankreich in Reims. Mit seinem nicht eingefahrenen Silberpfeil fährt er bei seinem ersten Formel-1-Einsatz die schnellste Runde des Rennens.

Doch leider fällt er mit Motorschaden aus. Welch überlegenes Auto Mercedes-Benz hier ins Rennen schickte, wurde schon jetzt klar: Fangio siegt mit einem deutschen Auto in der Formel 1. Die Sensation ist perfekt für die deutsche Sportwelt, die an diesem Tag nicht nur die Wiederauferstehung des deutschen Fußballs, sondern auch die des deutschen Automobilbaus frenetisch feierte. Hans Herrmann erlebt eine sehr intensive Zeit bei Mercedes – kurz, aber intensiv. In der Rennsaison 1954 sind die Silberpfeile die beherrschenden Autos. Fangio gewinnt einen Großen Preis nach dem anderen und wird Weltmeister. Für Hans Herrmann bringt das Jahr noch zwei 3. und einen

S-PD 703

Hans Herrmanns persönliche Erinnerungen:

»DAS WAR IN ARGENTINIEN. GRAN PREMIO. SAUSCHWER ZU FAHREN. DIE ERSTE UND DIE LETZTE ETAPPE WAREN AUF ASPHALT, DA HABE ICH MICH WOHLGEFÜHLT. ABER DAZWISCHEN SIND WIR AUF UNBEFESTIGTEN STRASSEN GEFAHREN, DAS WAR SCHWER FÜR MICH, AUF SO EINEM UNTERGRUND ZU FAHREN MUSSTE ICH ERST LERNEN. UND DANN DIE SICHT: ICH MEINE, SIE SEHEN AUF DEM FOTO, WIE LANGE DIE STAUBWOLKE IN DER LUFT BLEIBT. ES WAR ALSO EIN ABENTEUERRENNEN.«

Hans Herrmanns persönliche Erinnerungen:

»BERN-BREMGARTEN, 1954. DIE RENNSTRECKE IST AM RANDE DER STADT BERN. DAS HIER WAR DAS LETZTE RUNDSTRECKENRENNEN, DAS IN DER SCHWEIZ DURCHGEFÜHRT WERDEN DURFTE. NACH DEM UNFALL IN LE MANS 1955 SIND RUNDSTRECKENRENNEN IN DER SCHWEIZ VERBOTEN WORDEN. SIE SEHEN: DIE ZUSCHAUER STEHEN DIREKT AN DER STRECKE OHNE SCHUTZ.«

4. Platz im Silberpfeil-Cockpit. Beim Großen Preis von Berlin, der nicht zur Weltmeisterschaft zählt, ist es von vorneherein sehr wahrscheinlich, dass außer den Silberpfeilen niemand aufs Podium kommt. Ferrari und Maserati schicken gar keine Autos. Deshalb gibt Neubauer in dieser besonderen Situation – die Silberpfeile starten außerhalb der Weltmeisterschaftswertung ohne Konkurrenz – ausnahmsweise eine Anweisung an seine Fahrer: »Ich möchte auf keinen Fall, dass Sie sich gegenseitig rauswerfen.«

Das wiederum ist für die Piloten der Anlass, sich untereinander abzusprechen. Schon vor dem Rennen am 19. September 1954 wird der Zieleinlauf verabredet, und Hans Herrmann schreibt in sein Notizbuch: »Die Reihenfolge war bestimmt. Karl Kling gewinnt, weil er drei Tage vorher Geburtstag hatte, der Fangio als Chef wird Zweiter und ich als Benjamin werde Dritter.« »So kam es auch«, sagt Hans Herrmann, »doch fairerweise haben wir alle dieselbe Siegprämie erhalten. 25.000 Mark. Und das in einer Zeit, in der ein Bauplatz in allerbester Lage rund sieben Mark pro Quadratmeter gekostet hat.« Zusätzlich zu dieser Siegprämie nahm er 3000 Mark Bonus für den zweiten Platz im Sportwagenrennen auf Porsche 550 mit nach Hause. Außerdem gab es natürlich noch einige Tausender Startgeld von Mercedes und von Porsche. Man kann also ruhig sagen, dass die Jahre mit Mercedes nicht nur kurz und intensiv, sondern vor allem auch lukrativ waren.

Hans Herrmann geht es gut zu dieser Zeit, er bleibt sich treu, genießt das Leben und pflegt nach wie vor lieber später den Tag zu beginnen, um ihn dann bis lange in die Nacht hinein auskosten zu können. Das wird ihm eigentlich gleich zweimal zum Verhängnis: Gleich im Januar 1955 beim Großen Preis von Argentinien. Der Sommer 54/55 ist einer der heißesten in Südamerika, dennoch pflegen Stirling Moss und Hans Herrmann einen legeren Lebensstil, vergnügen sich beim Shopping und genießen die herrlichen Abende in Buenos Aires. Fangio, Argentinier, hält sich mit dem Feiern im eigenen Land auffällig zurück und nimmt die vielen Einladungen gar nicht an. Am Rennsonntag hat es 35 Grad im Schatten. Hinzu kommen heiße Winde aus der Pampa.

Bei diesem Rennen werden rund 200 Zuschauer wegen der Hitze abtransportiert, häufigster

607

Hans Herrmanns persönliche Erinnerungen:

»DAS SIND DIE LANGSTRECKENRENNEN IN ARGENTINIEN ZWISCHEN GERÖLL UND STEINEN. DA BENÖTIGTE MAN EIN STABILES, ROBUSTES AUTO. DA WAR QUALITÄTSARBEIT GEFRAGT. DIE ANDEREN SIND REIHENWEISE DEFEKT GEGANGEN UND HABEN PROBLEME GEWONNEN. RESULTAT: ZWEIMAL GEFAHREN: EINMAL ZWEITER MIT RAINER GÜNZLER IM JAHR 1961 UND EINMAL AUSGEFALLEN AUF DER LETZTEN ETAPPE 1964 DURCH ÖLVERLUST.«

Grund: Kreislaufversagen. Und das bei den Zuschauern! Wie muss es erst den Fahrern ergehen, die der Gluthitze ohne Schatten, dafür aber in dem blanken, heißen Blech ihrer Rennautos ausgeliefert sind? »Eigentlich«, erinnert sich Hans Herrmann, »war man schon kaputt nach der etwa dreiviertelstündigen Zeremonie vor dem Rennen, bei der man mit den Fahnen zum Start begleitet wurde. Karl Kling fällt durch Unfall gleich in der ersten Runde aus, zum Glück unverletzt. Etwa in der Mitte des Rennens – nach etwa 40 Runden – stellt Moss völlig erschöpft seinen Mercedes ab – aber bis zur Box hat er's nicht mehr geschafft. Der hat den Wagen einfach an den Streckenrand gestellt und ist mit letzter Kraft rausgeklettert und hat sich auf den Boden gelegt. Die Sanitäter wollten ihn natürlich ins Krankenhaus bringen, aber er hat vehement protestiert und lautstark gefordert, dass man ihn zur Mercedes-Box bringt. So geschah es dann auch.«

An den Silberpfeilen wurden alle möglichen Vorkehrungen getroffen, damit die Fahrer das Hitzerennen überstehen können. Am Auto von Hans Herrmann bringt man einen Behälter mit Flüssigkeit an, aus dem der Pilot dann während des Rennens durch einen Schlauch trinken kann. »Das war zirka ein Liter, der da hineingepasst hat«, beschreibt Hans Herrmann die improvisierte Vorrichtung, »und ich dachte mir, diesen einen Liter, den teilst Du Dir ein. Nach 20 Runden nahm ich also den ersten Schluck und versuchte, den Schlauch dann wieder in die Vorrichtung einzuklemmen. Als ich nach 40 Runden den zweiten Schluck nehmen wollte, war der Schlauch nicht mehr da, wo er hingehörte. Als ich ihn dann endlich fand, zum Mund führte und hoffte, nun würde gleich ein bisschen Flüssigkeit die Situation erleichtern, da hatte ich auf einmal nur Staub und Dreck im Mund – das war ein Schock.«

Doch auf diese leider nur im bildlichen Sinne »kalte Dusche« folgt eine Überraschung. Auf einmal macht Hans Herrmann zwischen Hitze und Staub den führenden Fangio direkt vor sich aus. Hans Herrmann war also Zweiter. Fangio hatte einen großen Vorsprung, doch der schien plötzlich dahin zu sein. Nun, auch Fangio litt unter der gnadenlosen Hitze dieses argentinischen Sommers. Er war an die Box gefahren, doch als die Mechaniker ihn fragten, was denn los sei, konnte er keine Antwort geben. Da befahl Neubauer, ihm einen Eimer Wasser über den Kopf zu schütten und ihn ins Rennen zurückzuschicken. Dieses Manöver kostete den Führenden rund 20 bis 25 Sekunden, und so war Hans Herrmann plötzlich dicht hinter ihm.

»Ich konnte sogar einige Runden an ihm dranbleiben, aber dann spürte ich, wie ich langsam das Bewusstsein verlor.« Mit letzter Kraft steuert Hans Herrmann das Auto an die Box, dann müssen ihn die Monteure aus dem Wagen heben. Karl Kling übernimmt seinen Wagen, Stirling Moss löst Kling kurz vor Schluss noch ab und fährt mit dem Silberpfeil von Hans Herrmann das Rennen zu Ende, das Trio wird Vierter. Hans Herrmann ist völlig kraftlos, er hat Verbrennungen an Armen und Beinen. Und Fangio? Der Senior zog eisern seine Runden. Ganz alleine. Nach genau drei Stunden kommt er nach 96 qualvollen Runden als Sieger im Ziel an. Schweißgebadet, von Öl und Gummi verschmiert, sitzt er bei der Siegerehrung nach dem Rennen. Die Siegesfeier fällt für ihn aus. Mit seinen Verbrennungen muss er ins Krankenhaus.

Abb.
1955, Mercedes-Benz W 196, Mille Miglia

Hans Herrmanns persönliche Erinnerungen:

»DAS IST DER START IN BRESCIA MORGENS UM 7.04 UHR ZUR MILLE MIGLIA 1955. STARTNUMMER IST GLEICH STARTZEIT. GEGEN ENDE HAT SICH HERAUSKRISTALLISIERT, DASS NUR MOSS ODER ICH GEWINNEN KÖNNEN, WEIL WIR WEIT VORAUS WAREN. FANGIO LAG MIT 20 MINUTEN RÜCKSTAND AN DRITTER POSITION. MEIN CO-PILOT HERMANN EGER UND ICH HATTEN DIE STRATEGIE, DIE BREMSEN ZU SCHONEN, UM IM LEZTEN ABSCHNITT NOCH VOLL FAHREN ZU KÖNNEN. SOWEIT KAM ES LEIDER NICHT, WEIL JA IN ROM DER TANKDECKEL NICHT KORREKT ANGESCHRAUBT WURDE. BEI DER FAHRT WURDE DER DECKEL WEGGESPRENGT UND WIR MIT BENZIN ÜBERGOSSEN. INFOLGEDESSEN BIN ICH GEGEN EINEN FELSEN GEFAHREN.«

Hans Herrmanns persönliche Erinnerungen:

»DAS IST DIE TARGA FLORIO, WO ICH LEIDER NICHT GEFAHREN BIN WEGEN MEINEM UNFALL IN MONACO. ICH BIN IM HINTERGRUND ZU SEHEN ALS VIERTER VON RECHTS. VORNE SIND DIE DREI SIEGREICHEN TEAMS, VON LINKS: JOHN FITSCH UND TITTORINGTON, PETER COLLINS UND STIRLING MOSS, JUAN MANUEL FANGIO UND KARL KLING.«

AVON

Hans Herrmanns persönliche Erinnerungen:

»DAS IST NOCH EINMAL EINE AUFNAHME AUS BERN. SIE SEHEN: VON SICHERHEIT KEINE SPUR. IM HINTERGRUND STEHEN DIE MENSCHEN DIREKT AN DER STRECKE. WENN DA DIE BREMSEN VERSAGEN WÜRDEN, WÜRDEN DUTZENDE MENSCHEN STERBEN.«

Danach stehen die Vorbereitungen für die Mille Miglia 1955 an. Man fährt zu Vorbereitungen nach Italien. In Brescia einquartiert, gibt Neubauer die Anweisung, rechtzeitig schlafen zu gehen. Gleichzeitig beauftragt er den Hotelbesitzer, zu überprüfen, um welche Uhrzeit Hans Herrmann denn zu Bett gehe. Natürlich kam dieser quietschfidel erst mitten in der Nacht zurück ins Hotel – Frühling in Brescia, und da soll man früh schlafen gehen? Nicht Hans Herrmann. »Dem Hotelier war es furchtbar peinlich, aber was sollte er machen? Er war von Neubauer beauftragt worden, ihn zu wecken, wenn ich nach Hause komme. Andernfalls würde die Mercedes-Crew nicht mehr bei ihm übernachten. Mir war gar nicht nach Lachen zu Mute. Ich habe ihn bekniet, den Neubauer nicht zu wecken, aber da war wirklich nichts zu machen«. Heute kann Hans Herrmann über diese Episode schmunzeln, doch damals war die Sache sehr ernst. »Also hat er den dicken Neubauer geweckt. Der war außer sich, hat gebrüllt und mir eine Standpauke gehalten. Der ist vor Aufregung blau angelaufen. Was mir denn einfalle? Ich sagte: ›Nun beruhigen Sie sich doch.‹ Doch das regte ihn noch viel mehr auf. Der lief brüllend durchs Hotel und hat auch die anderen Teamkollegen geweckt. ›Herr Herrmann, Sie gefährden die Expedition! Sie gefährden die gesamte Expedition!‹ ›Aber Herr Neubauer, was denn für eine Expedition. Wir sind doch nicht in Grönland ...‹ – das hätte ich damals besser nicht gesagt«, so Hans Herrmann. Neubauers Echo kam überlaut und postwendend: »›Sie sind gefeuert‹, hat er daraufhin gebrüllt, ›Sie sind gefeuert!‹ Es war also an Schlaf nicht mehr zu denken, als wir dann endlich doch wieder auf unsere Zimmer gingen. Rudolf Uhlenhaut, der Entwicklungsvorstand, hat Neubauer dann doch wieder beruhigen können, sodass das Strafmaß geringer ausfiel. Ich musste dann zeitweise das Zimmer mit Neubauer teilen, damit er sicherstellen konnte, dass ich nicht wieder unterwegs bin. Jetzt stellen Sie sich vor, Sie teilen das Zimmer mit einem 1,85 großen, 100 Kilogramm schweren Koloss. Was glauben Sie, was der nachts für Geräusche macht? Aber was soll's.«

Der Rennverlauf dieser Mille Miglia ist hinlänglich bekannt. Stirling Moss fährt mit seinem Copiloten Dennis Jenkins im 300 SLR die schnellste Mille Miglia, die je gefahren worden ist. Hans Herrmann fällt in aussichtsreicher Position aus. »Es war wie eine Explosion, ein Kanonenschlag. Der Tankdeckel war wegge-

S-LH 839

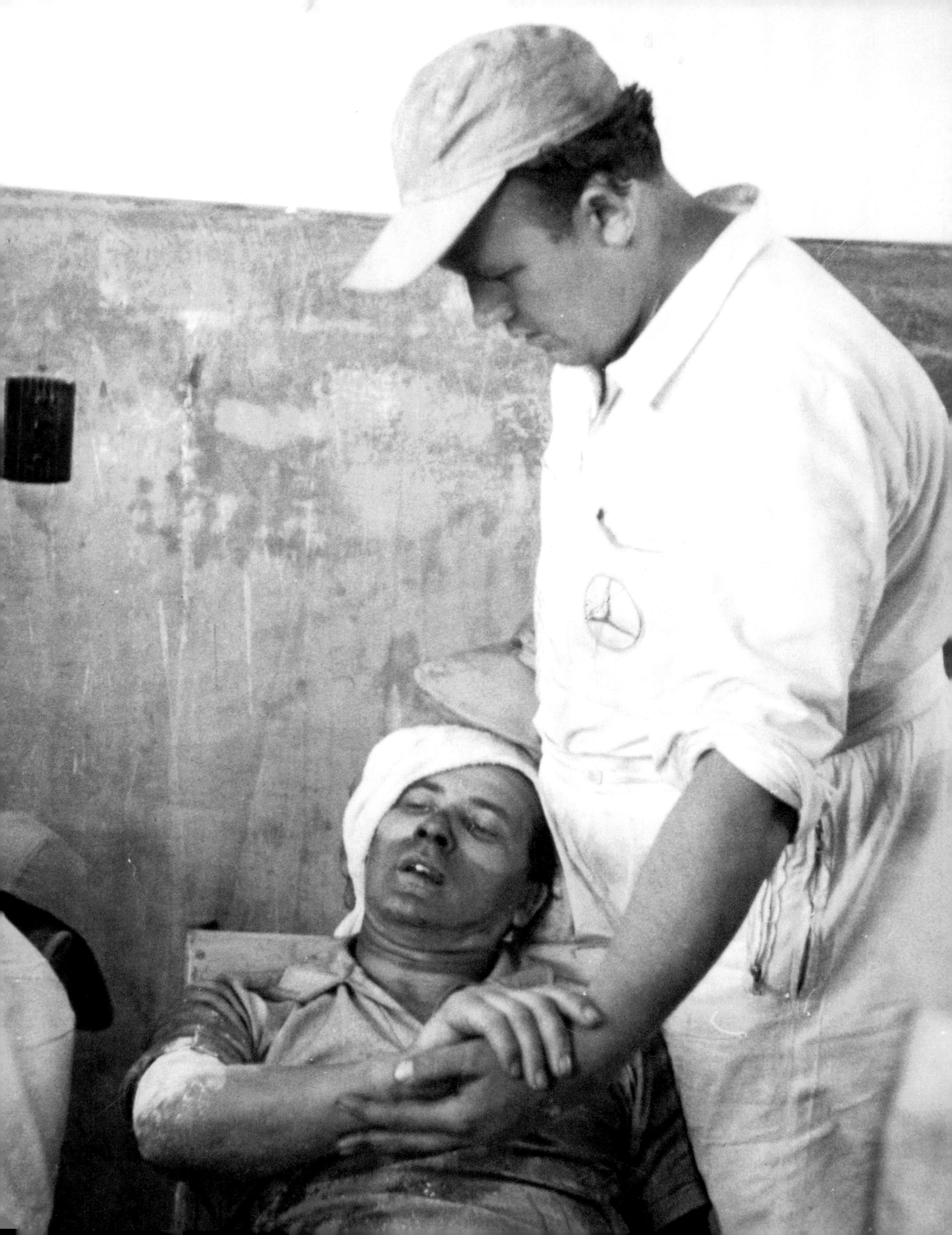

sprengt und wir mit Benzin überschüttet. Der Deckel war sicher in Rom verkantet draufgesetzt worden, und als durch die Hitze im Tank dann Überdruck entstand, ist der Tankdeckel abgeflogen – wie der Korken auf einer Champagnerflasche, die man schüttelt.« Ein Funke hätte genügt, und Hans Herrmann und Herman Eger wären in Flammen aufgegangen. »Da Moss die letzten 160 Kilometer mit abgefahrenen Bremsen zurücklegen musste und es dank den Hinweisen von Hermann Eger, der ja den Fahrstil von Moss kannte, meine Strategie war, meine Bremsen zu schonen und ihn erst auf den letzten 200 Kilometern zu attackieren, glaube ich, dass ohne diesen verflixten Tankdeckel wir noch große Chancen auf den Sieg gehabt hätten.« Hans Herrmann wirkt immer noch ein wenig zerknirscht, wenn er über 50 Jahre danach von diesem Ereignis spricht. Aber das Ergebnis ist nicht mehr zu ändern.

Trotz der rennsportlichen Erfolge macht sich allerdings Unzufriedenheit breit bei Mercedes. Aufgrund der vielen toten und verletzten Zuschauer und Rennfahrer gerät der Motorsport zunehmend ins Visier der Kritiker. Es ist also gar nicht so einfach in dieser Zeit, positive Schlagzeilen zu produzieren, und das war es ja, was Mercedes mit dem Rennsport beabsichtigte: Imagegewinn. So wächst also nach und nach der Druck auf die Rennteams und auf die Fahrer. Vor dem Grand Prix wurde allerdings der Status von Hans Herrmann vertraglich geregelt. Der finanzielle Status ist nach wie vor angenehm, Hans Herrmann hat sich für alle Formel-1-Einsätze zur Verfügung zu halten, doch vertraglich zugesichert wird ihm nur ein Einsatz auf dem Nürburgring. Ziel ist, Hans Herrmann als Reservist für die Formel 1 einzuplanen und ihm ansonsten überwiegend den 300 SLR anzuvertrauen. Damit wurde er von Stirling Moss gewissermaßen verdrängt. Allerdings ist Hans Herrmanns Einsatz schon beim Großen Preis von Europa in Monaco am 22. Mai von Nöten. Karl Kling hatte sich bei der Mille Miglia verletzt – drei Rippen waren gebrochen. Dennoch wollte er in Monaco starten, aber Neubauer entschied sich für Herrmann. Das Reglement besagt, dass die ersten drei Plätze nach den Zeiten dieses ersten Trainings am Donnerstag, den 19. Mai – Christi Himmelfahrt –, zu vergeben sind. Also erhält Hans Herrmann die Anweisung, »ordentlich« Gas zu geben.

Fangio sichert sich in einem spannenden Training den ersten Startplatz mit 1:41,1. Daneben steht Alberto Ascari im Lancia, und Stirling Moss verdrängt den Lancia von Eugenio Castelotti in die zweite Startreihe (damals standen im Allgemeinen noch drei Wagen in der ersten Startreihe, zwei auf Lücke versetzt dann dahinter in Reihe zwei und in der dritten Reihe wieder drei, dann wieder zwei Autos usw., Anm. des Autors). »Mir war klar, dass ich auf der mir unbekannten Strecke an diese Zeiten nicht mehr herankomme, aber meinen Startplatz zu verbessern, das war noch drin«, schildert Hans Herrmann die Situation. »Mir ist schon in der Tabakkurve das Rad blockiert, dennoch bin ich weitergefahren. Ich hatte einfach das Gefühl, jetzt läuft es gerade. Am Ende der langen Steigung hoch zum Casino blockiert wieder ein Rad beim Bremsen – diesmal mit Folgen: Der Wagen bricht aus, schlägt an den

Abb.
1955, Großer Preis von Buenos Aires, die Hitzeschlacht führte zu Verbrennungen

Hans Herrmanns persönliche Erinnerungen:

»1955, ARGENTINIEN: WIR NEHMEN AUFSTELLUNG ZUM START. VORNE FANGIO, DANN KLING, DANN MOSS, DANN ICH. DIE START-ZEREMONIE HAT EINE HALBE STUNDE GEDAUERT UND WIR MUSSTEN IN DIESER HITZE AUSHARREN, BIS ES LOSGING. WIR SIND EIGENTLICH SCHON VOR DEM START BEINAHE UMGEKIPPT.«

Bordstein, springt über den Gehweg und ich knalle mit rund 170 Stundenkilometern in die Steinbalustrade gegenüber vom Hotel de Paris. Innerhalb von nur wenigen Metern wurde mein Körper von 170 Stundenkilometern auf null km/h herabgebremst. Ich wollte aussteigen, aber meine Beine reagierten nicht. Mein rechter Oberschenkel befindet sich in der Körpermitte. Ich stemme mich mit beiden Armen ab und lasse mich aus dem Wrack herausfallen. Nur weg von dem Wagen, bevor er Feuer fängt, dachte ich immer wieder. Weg, weg, weg. Ich bin auf der Straße gerobbt, als der Schmerz einsetzte. Es war furchtbar, ganz furchtbar. Dann kamen endlich Sanitäter.«

Es war das letzte Mal, dass Hans Herrmann zu einem Formel-1-Rennen mit einem Silberpfeil starten sollte. Himmelfahrt. Im Krankenhaus in Nizza kümmert sich der Vertrauensarzt des Daimler-Vorstands um Hans Herrmann. Der Stuttgarter Internist Dr. Kampf war der Einladung Direktor Nalligers nach Monaco gefolgt. Für Hans Herrmann war das ein Riesenglück, denn offenbar wäre die Narkosespritze für Hans Herrmann tödlich gewesen. Dr. Kampf setzte sofort eine Gegenspritze. Vier Tage später ist Hans Herrmann transportfähig und wird per Charterflugzeug in die Universitätsklinik nach München geflogen. Diagnose: Ein Brust- und ein Lendenwirbel gebrochen, schwere Luxa-

tion der Hüfte, Knochensplitterung der Hüftgelenkpfanne, Kreuzbein und Steißbein gebrochen. Mit ganz großem Glück entgeht Hans Herrmann einer Querschnittslähmung. Dennoch berichtet Prof. Dr. Frey, der behandelnde Arzt, an den Daimler-Vorstand: »Sämtliche Verletzungen sind massiv, jedoch bei der Jugend des Patienten ist völlige Heilung sicher. Operation nicht erforderlich.« Hans Herrmann wird zwar nicht in Gips gelegt, doch es folgen Monate völlig ohne Bewegung. Später muss er wieder neu laufen lernen.

Von der Krankenstube aus beobachtet Hans Herrmann nun den Niedergang des Formel-1-Engagements von Daimler. Immerhin hat er einen Fernseher auf dem Zimmer. Außerdem hält ihn Alfred Neubauer per Post stets auf dem Laufenden. In einem Neubauer-Brief vom 2. Juni darf Hans Herrmann im Krankenbett lesen: »... Der Presse kann man es auf einmal nicht mehr recht machen ... Man verschweigt auch, dass sowohl der Streckenrekord als auch der Rundenrekord für Sportwagen geschlagen wurde ... Anschließend an Belgien fahren wir nach Le Mans und es wird nächsten Sonntag (11./12.Juni) einen heißen Renntag geben.« Mercedes war in der Eifel siegreich mit dem 300 SLR angetreten. Wie heiß bzw. wie katastrophal der Renntag allerdings wirklich werden sollte, davon

konnte Neubauer noch keine Ahnung haben, als er diesen Brief schrieb.

Pierre Levegh, den Mercedes-Benz als Ersatzfahrer anstelle des verletzten Hans Herrmann verpflichtet, geht als der wohl unglücklichste Rennfahrer aller Zeiten in die Rennsportgeschichte ein. Wegen eines unvorhergesehenen Bremsmanövers von Mike Hawthorn im Jaguar fährt ein Austin Healey direkt vor den viel schneller heranrasenden Mercedes 300 SLR. Hans Herrmann: »Hawthorn hatte zwei oder drei Runden schon seine Signale übersehen. Er sollte zum Tanken in die Box kommen. Wahrscheinlich im letzten Moment hat er dann doch noch sein Signal bemerkt, eine Vollbremsung hingelegt, damit er noch die Einfahrt in die Boxengasse erwischt, und so die Kettenreaktion ausgelöst.« Der Healey weicht aus und versperrt dem Mercedes den Weg. Levegh hat keine Chance, er kracht in das Heck des Healeys, wird auf einen Erdwall katapultiert, der Fahrbahn und Zuschauer trennt. Motor und Vorderachse werden herausgerissen und fliegen direkt in die dicht gedrängte Menschenmenge auf der Zuschau-

Abb.
1954, Bern, Mercedes-Benz W 196

BOSCH

Hans Herrmanns persönliche Erinnerungen:

»OBEN, DA SIEHT MAN MAL DIE FRAU FANGIO.

DAS GROSSE BILD ENTSTANDD AUF DER AVUS 1955. IM MOMENT BIN ICH VORNE, DANN KLING, DANN FANGIO, UND GERADE BEIM EINBIEGEN IN DIE KURVE JEAN BEHRA AUF GORDINI. DAS IST ÜBRIGENS GENAU DIE STELLE, AN DER ICH VIER JAHRE SPÄTER AUF BRM DEN SCHWEREN UNFALL HATTE. DA BIN ICH ABSICHTLICH IN DIE STROHBALLEN GEFAHREN, UM DIE ZUSCHAUER ZU SCHÜTZEN.

UNTEN: DAS IST EINE TRAININGSPAUSE BEI DER TARGA FLORIO: FITCH, MOSS, ICH, COLLINS.«

Hans Herrmanns persönliche Erinnerungen:

»1954, NÜRBURGRING, GROSSER PREIS VON DEUTSCHLAND. DA BIN ICH AUSGEFALLEN, DURCH EINEN UNDICHTEN BENZINTANK. ICH SASS IM COCKPIT IM BENZIN, EIN FUNKE HÄTTE GENÜGT …«

ertribüne. Über 80 Menschen werden getötet, etliche verletzt. In der Nacht zieht Mercedes, weit in Führung liegend, beide Autos aus dem Rennen zurück. Es gewinnt der Wagen, dessen Bremsmanöver dieses Unglück ausgelöst hat: Der Jaguar von Mike Hawthorn.

Dieser wahrscheinlich traurigste Tag in der Geschichte des Motorsports hat Konsequenzen. In den Medien wird sogar gefordert, Autorennen ganz zu verbieten. Viele Wettbewerbe werden ganz abgesagt. Auch stürzen sich die Journalisten auf die Marke Mercedes. Neubauer schreibt am 21. Juni an Hans Herrmann, der immer noch in der Uniklinik München liegt: »In Holland waren wir wieder siegreich, aber die Presse ist nicht mehr zufriedenzustellen. Fallen wir aus, dann wird gemeckert, führen wir mit Überlegenheit, dann heißt es, dass ein langweiliges Rennen gefahren wurde, usw. Unser Vorstand hat zum Teil aus dieser Nichtanerkennung, die uns viel Geld, Mühe und Arbeit kostet, beschlossen, 1955 die Rennen endgültig einzustellen und nurmehr Sportwagenveranstaltungen zu beschicken.

… Ich möchte nur sagen, dass wir nun eine Katastrophe erleben. Die Folgen von Le Mans beginnen sich zu zeigen. Heute erhielt ich gleich zwei Absagen, und zwar bezüglich Frankreichs und bezüglich der Schweiz. Nachdem in den Zeitungen zu lesen war, dass auch Italien und Spanien abgesagt wird, vergewissere ich mich gerade per Telegramm, ob dies Tatsache ist. Jedenfalls sieht der Sportkalender für Rennwagen sehr schlecht aus, und ich glaube, dass Monza nicht veranstaltet wird, weil die Italiener unsere Überlegenheit erkannt haben.

Lancia hat sich ja auch endgültig zurückgezogen, besonders natürlich durch den Tod von Ascari und den Maschinendefekt von Castelotti in Belgien, der den Wagen als Privatfahrer weiter fahren wollte. Ferrari wird ohne Neukonstruktion nicht wieder auf die Beine kommen, und so ist zu befürchten, dass die Rennen mit Rennwagen ohnehin 1955 geendet hätten.

… Es kommen vielleicht traurige Jahre für den Rennsport, und es ist bereits gewiss, dass wir Ende 1956 ebenfalls den Sportwagenbau einstellen werden …«

All das liest Hans Herrmann am Krankenbett. Wenige Monate zuvor hatte ihm Neubauer noch gesagt, dass er ihn, seinen jüngsten Fahrer, zum Weltmeister machen wolle. Jetzt sieht die Situation anders aus: De facto bedeutet dieser Brief, dass Hans Herrmann nach seiner Genesung wohl »arbeitslos« werden wird, da sein aktueller Arbeitgeber, Daimler-Benz, den Rückzug aus dem Motorsport beschlossen hat. Dennoch trainiert er im Oktober einige Runden bei der Targa Florio, Neubauer plant sogar, Herrmann und Moss in ein Auto zu setzen, doch Hans Herrmann stellt fest, dass seine Reflexe noch nicht gut genug sind und verzichtet freiwillig auf einen Start. Dennoch: Stirling Moss gewinnt zusammen mit seinem Beifahrer Peter Collins und sorgt damit in einem äußerst schwierigen Jahr in der Rennsportgeschichte für einen Mercedes-Triumph: Sportlich gesehen war nicht mehr zu holen. 1955 wird Fangio Fahrerweltmeister, Mercedes erringt dank des Moss-Sieges auf Sizilien die Konstrukteurs-WM, und bei den Sportwagen gewinnt der 300 SL die Tourenwagen-Europameisterschaft. Daimler entscheidet sich, sofort mit dem Motorsport aufzuhören. Am 22. Oktober 1955 findet im Daimler-Werk eine letzte Feier statt. Die Fahrer werden verabschiedet. Man stellt sich noch einmal zu einem Gruppenbild zusammen und sieht zu, wie die Silberpfeile, die doch in so kurzer Zeit das Herz aller Motorsportfans erobert hatten, mit großen weißen Leintüchern zugedeckt werden. Die Szene erinnert an eine Beerdigung. Doch Hans Herrmann ist immer noch recht locker. »Als mich jemand gefragt hat, ob es denn nun auch für mich schwierig werde, antworte ich nur: ›Dann fahre ich eben Unimog.‹«

Für Hans Herrmann beginnt nun eine Odyssee durch verschiedene Rennteams. So oft es eben möglich ist, arbeitet er noch für Mercedes-Benz. Eine gute Gelegenheit ergibt sich im Jahr 1961 bei der Gran Premio Argentina, bei der Mercedes-Benz mit dem 220 SE startet und Hans Herrmann als Fahrer engagiert. Mit einer Strecke von über 4600 Kilometern über Staubpisten, Bergpässe, Geröllabschnitte, durch Urwald, auf 3000 Meter Höhe hinauf, durch Schlamm und Dreck und durch Wasserdurchfahrten hindurch gilt diese Veranstaltung als eine der härtesten der damaligen Zeit. Entsprechend groß ist das Interesse der Zuschauer und der Öffentlichkeit, sodass Mercedes-Benz hier eine gute Möglichkeit hat, die Leistungsfähigkeit des 220 SE unter Beweis zu stellen. Man bietet alles auf, was Rang und Namen hat – Fangio, der 1958 als Weltmeister abgetreten war, unterstützt das Mercedes-Benz-Team nach

Hans Herrmanns persönliche Erinnerungen:

»DAS WAREN DIE BOXEN AM NÜRBURGRING BEI EINEM TRAINING. DASS SO VIELE MENSCHEN ZUSCHAUEN, WAR DAMALS NORMAL. WENN ES ALFRED NEUBAUER, DEM RENNLEITER, ZU VIEL WURDE, DANN HAT ER SIE FORTGESCHICKT, GETOBT UND MIT DER STANGE WEGGEJAGT.«

besten Kräften, lässt sich sogar mit dem Flugzeug von Etappenziel zu Etappenziel fliegen. An der Seite von Hans Herrmann sitzt der SWR-Reporter Rainer Günzler auf dem Beifahrerstuhl, der mit großer Akribie am Roadbook arbeitet. Karl Kling, der mittlerweile Alfred Neubauer als Rennleiter bei Mercedes beerbt hat, geht mit vier Fahrzeugen an den Start. Mercedes dominiert klar das Geschehen, obwohl zwei Autos schon frühzeitig ausfallen. Das ist für Karl Kling das Signal, keinen Mercedes-internen Wettstreit mehr zuzulassen, um weitere Ausfälle zu vermeiden. So gewinnt das Team von Walter Schock und Manfred Schiek vor Hans Herrmann und Rainer Günzler.

Auch 1964 sitzt Hans Herrmann wieder im Mercedes-Cockpit, fährt mit Peter Lang, dem Sohn des Europameisters Hermann Lang, einen 300 SE bei den sechs Stunden von Brands Hatch und wird Vierter hinter dem anderen Mercedes-Team von Eugen Böhringer und Herbert Linge. Die Gran Premio in Argentinien wird der zweite Mercedes-Benz-Einsatz in diesem Jahr. Seit dem Doppelsieg von 1961 feiern die Mercedes-Benz-Fahrzeuge und ihre Piloten hier einen Erfolg nach dem anderen, und auch 1964 war der Mercedes-Triumph total. Nur leider ohne die Beteiligung von Hans Herrmann, der wurde in der letzten Etappe wegen 27 Sekunden disqualifiziert, nachdem der Motor Probleme

bereitet hatte und man durch ständiges Ölnachfüllen wertvolle Minuten verlor. Dass in diesem Jahr von 264 gestarteten Fahrzeugen nur 58 das Ziel erreichten, ist ein schwacher Trost für den Stuttgarter.

Zwischendurch steht Hans Herrmann auch für Testfahrten zur Verfügung, unter anderem auf dem legendären C111. Rund eine Woche, nachdem Neil Armstrong als erster Mensch den Mond betreten hatte, folgt der letzte Einsatz von Hans Herrmann als Rennfahrer für Mercedes-Benz. Am 26./27. Juli soll er zusammen mit Jackie Ickx bei den 24 Stunden von Spa starten, den 300-SEL-Boliden mit 6,3 Litern Hubraum und acht Zylindern steuern. Ein Kunstwerk von einem Motor, das unter der Regie eines gewissen Hans Werner Aufrecht entstanden war – ein Mann, der später eine Firma namens AMG gründen und so ein ganz eigenes Kapitel im großen Buch des Motorsports aufschlagen sollte. Doch das ist eine andere Geschichte. In Spa jedenfalls starten Hans Herrmann und Jackie Ickx nicht, man hatte sich auf Regenreifen spezialisiert, bei trockenem Wetter war der Start völlig aussichtslos, und so zog man vor dem Start die Meldung zurück.

Hans Herrmann saß im Cockpit von vielen Rennwagen und musste in seiner langen Rennkarriere

Hans Herrmanns persönliche Erinnerungen:

»OBEN IST HERRMANN LANG, AN DESSEN STELLE ICH INS TEAM KAM.

DAS GROSSE BILD VON LINKS: NEUBAUER, DANN, IM WEISSEN ANZUG, DAS BIN ICH, DANEBEN ALBERTO ASCARI, KARL KLING, JUAN MANUEL FANGIO, ONOFRE MARIMO. DAS IST EINE FAHRERBESPRECHUNG IN REIMS 1954, DIE VOR DEN RENNEN ABGEHALTEN WURDE. HEUTE HEISST ES BRIEFING.

UNTEN SIEHT MAN NOCH EINMAL EIN BILD VON ARGENTINIEN 1955.«

DEMAY FRÈRES

Hans Herrmanns persönliche Erinnerungen:

»DAS IST MEIN AUTO, MEIN PRIVATER 190 SL, DIESER TYP WURDE SPÄTER BERÜHMT DURCH DIE FRANKFURTER PROSTITUIERTE NITRIBIT, DIE AUCH SO EINEN WAGEN GEFAHREN HAT.«

öfter mal die Marke wechseln, doch in seiner privaten Garage und außerhalb des Rennzirkus ist er Mercedes immer treu geblieben. Unzählige PR-Termine nimmt Hans Herrmann auch heute noch für die Stuttgarter Autobauer wahr. Und, nebenbei bemerkt, die Kapriolen rissen nicht ab. Als Hans Herrmann später mit dem Daimler-Vorstand Jürgen Hubbert befreundet ist, möchte er einen Mercedes 500 E erwerben. Der 500 E ist ein ganz besonderes Auto, er wurde bei Porsche in Weissach entwickelt und dann bei Porsche und bei Mercedes montiert. Der Wagen pendelte mehrmals zwischen den Werken. »Von dem 500 E hatte ich drei Stück«, erinnert sich Hans Herrmann an dieses unvergessene Automobil. »Ich habe auch den 10.000 bekommen, inklusive einer feierlichen Übergabezeremonie.« Aus dem wie gesagt ohnehin schon außergewöhnlichen Fahrzeug wollte Hans Herrmann noch ein ganz außergewöhnliches machen, und so orderte er telefonisch bei Jürgen Hubbert eine Sonderfarbe. Die Jubiläumsfarbe des 911 sollte es sein. Genau die Farbe, die Porsche eigens zum 30-jährigen Geburtstag des 911 kreierte: »Das war so eine Art violett-metallic, die Farbe gefiel mir außerordentlich gut«, schmunzelt der Rennfahrer. Jürgen Hubbert antwortete, das sei kein Problem – war es aber doch. Für die Lackierung dieses Unikats musste die ganze Lackiererei umgebaut werden. Damit war die Lackierung so teuer, dass es überhaupt nicht mehr im Verhältnis stand. Bei der Gelegenheit hat Mercedes dann auch gleich einen zweiten Wagen in dieser Farbe lackiert. Trotzdem ist es natürlich absurd, eine Lackiererei für zwei Autos umzurüsten, aber daran wird deutlich, dass die Beziehung zwischen Hans Herrmann und Mercedes nie abriss und beide Seiten einander stets höchste Wertschätzung zuteil werden ließen. Bis heute.

Abb. rechts
Formel-1-Trainingsfahrt mit dem Silberpfeil

Hans Herrmanns persönliche Erinnerungen:

»DIE TRAUERFEIER ZUM ENDE DER SILBERPFEILE. IN EINER THEATRALISCHEN GESTE WERDEN DIE AUTOS ABGEDECKT. VON LINKS: STIRLING MOSS, FRAU FANGIO, WILMA KLING, DER DICKE, KARL KLING, JOHN FITCH, ANDRE SIMON, ICH, PETER COLLINS, JUAN MANUEL FANGIO. IM HINTERGRUND MIT GEBÜHRENDEM ABSTAND DIE MITARBEITER.«

HANS HERRMANN ALS MARKENVAGABUND
SCHNELLER MANN IN ALLEN AUTOS

8

AUSPROBIEREN. SCHAUEN, WAS GEHT. ÜBER DEN EIGENEN TELLERRAND HINAUS-DENKEN. ERFAHREN, WAS DIE ANDEREN MACHEN. AUSLOTEN. TROTZ ALLEM IMMER LOYAL, VERTRAUENSWÜRDIG SEIN.

Hans Herrmanns persönliche Erinnerungen:

»DAS IST RUDI GUTENDORF, FUSSBALLTRAINER. ES SIEHT AUF DEM BILD SO AUS, ALS WOLLE ER MIR ERKLÄREN, WIE DAS GEHT MIT DIESEM WAGEN. DAS FOTO ENTSTAND AM NÜRBURGRING, WO ICH LOTUS FUHR. JOCHEN RINDT FUHR AN DIESEM TAG IN ENGLAND, UND ICH BIN NUR EINGESPRUNGEN. BEACHTEN SIE EINMAL DIE RENNREIFEN IN DIESEM JAHR 1969, DIE WAREN RECHT SCHMAL BEI EINEM FORMELWAGEN.«

»Ich kenne keinen anderen Rennfahrer, der wie Hans Herrmann mit so wenig Risiko so schnell Rennen fährt.«

Alle diese Eigenschaften sind in der Person von Hans Herrmann vereint. Sie zeichnen den Mann aus – und zwar von Anfang an. Sein berufliches Ziel Rennfahrer zu werden nie aus den Augen verlierend, lagen für den umtriebigen Stuttgarter stets alle Optionen auf dem Tisch. Das gilt vor allem für die Phase einer Entscheidungsfindung. Schon 1953 in einer ganz frühen Phase seiner Rennkarriere, als Hans Herrmann noch mit seinem eigenen Auto, einem Porsche 356 mit 1500 ccm, zu den Rennen ging, lernt Hans Herrmann Ernst Loof kennen. Loof, ein bekannter Auto-Ingenieur der Nachkriegszeit, baut im schwäbischen Meßkirch schnelle Sportwagen auf Basis des BMW 328. Unter dem Namen der Göttin der Wahrheit in der römischen Mythologie erringen Loofs »Veritas« immer wieder motorsportliche Erfolge. Insgesamt 13 deutsche Meistertitel verbucht die Marke Veritas für sich. Große Fahrer ihrer Zeit steuern die Veritas, unter anderem Paul Pietsch, einer der Gründer der Zeitschrift Das Auto, die später als *auto motor und sport* die Keimzelle des Motorbuchverlags begründet. Karl Kling steuerte einen Veritas zur deutschen Meisterschaft, Hermann Lang, der Europameister, begann nach dem Krieg wieder auf Veritas mit dem Motorsport. Und im Jahr 1951, als Peter Hirt mit einem »Veritas Meteor« am Grand Prix der Schweiz teilnahm, war Veritas die erste deutsche Automarke, die nach der Aufhebung des Startverbots für deutsche Autos bei internationalen Veranstaltungen nach dem Zweiten Weltkrieg wieder an einem Formel-1-Rennen teilnahm.

Hans Herrmann, als ein junger Heißsporn, der darauf brennt, Autorennen zu fahren, kommt also nicht umhin, sich mit dem Veritas auseinanderzusetzen. Es kommt zu ersten Tests, und Hans Herrmann ist begeistert. Kurz entschlossen kauft er sich 1953 einen gebrauchten »Veritas Meteor F2« von Hans Klenk, jenem Fahrer, der zusammen mit Karl Kling 1952 auf einem Mercedes 300 SL die Carerra Panamericana gewann. »Der Veritas war damals einfach noch mehr ein Rennwagen als mein Porsche 356«, begründet Hans Herrmann noch heute die Kaufentscheidung. Auch die technischen Daten sprechen für den Veritas. Der Veritas bringt es in der Spitze auf 240 Stundenkilometer, so schnell war Porsche damals noch nicht. Doch Schnelligkeit allein zeichnet noch keinen Rennwagen aus, wie Hans Herrmann bald schmerzlich feststellen muss: »Beim Avus-Rennen 1953 ist das Auto

Hans Herrmanns persönliche Erinnerungen:

»GANZ FRÜHE TAGE IN MEINEM MOTORSPORTLEBEN. DAS IST EIN VERITAS F2, MIT DEM WAR ICH 9. BEIM GROSSEN PREIS VON DEUTSCHLAND 1953. ICH BEKAM EINE TROPHÄE ALS NEUNTER, WEIL ICH BESTER DEUTSCHER WAR.«

im Training hervorragend gelaufen. Doch beim Start zum Rennen ist der Bock einfach nicht angesprungen.« Hans Herrmann rollt das Feld von hinten auf und wird noch Vierter. Beim Großen Preis von Deutschland wird er Neunter, beim »Schauinsland« Sechster. »Gott sei Dank«, sagt Hans Herrmann heute, »hat es mit Porsche ja dann geklappt und ich habe vom Porsche-Werk die Autos bekommen, sodass ich nicht mehr mit einem eigenen Rennwagen starten musste.«

Es folgen Hans Herrmanns siegreiche Fahrten im Porsche-Cockpit und danach die ruhmreiche Ära Silberpfeil mit Mercedes-Benz, sodass Hans Herrmann erst im Jahr 1956 wieder die Chance wahrnimmt, in einen nicht-deutschen Rennwagen zu steigen. Ein wenig gehorcht er in diesen Tagen auch der Not, denn in gewisser Weise ist Hans Herrmann nach dem Ausstieg von Mercedes-Benz erst einmal ohne Cockpit – oder etwas brutaler gesagt: arbeitslos. Die Verbindungen zu Porsche bestehen zwar noch, doch mit dem dortigen Rennleiter Huschke von Hanstein gibt es Differenzen, sodass Hans Herrmann beherzt am 10. Juni 1956 bei der

Abb.
1953, Veritas F2, Eifelrennen. Der Wagen ist zum Rennen nicht mehr angesprungen

Targa Florio das Volant eines Ferrari in die Hand nimmt. Doch das Problem an den italienischen Rassehengsten ist nicht das Lenkrad – die Pedalerie ist gewöhnungsbedürftig. Links findet sich zwar die Kupplung, doch in der Mitte ist das Gaspedal angebracht und rechts außen die Bremse. Hans Herrmann: »Da musst du während dem Rennen denken, damit du nicht Bremse und Gas verwechselst, so wie mir das im Training gegangen ist, als ich einen 4,5-Liter-Ferrari zerlegt habe, weil ich instinktiv bremsen wollte, dabei aber aufs Gas getreten bin. Es ist nicht gut, wenn man während dem Rennen denken muss. Das ist falsch. Denken dauert zu lange, da ist man zu langsam.«

Obwohl Hans Herrmann also damit beschäftigt ist, darauf zu achten, dass er nicht Brems- und Gaspedal verwechselt, belegt er zusammen mit Olivier Gendebien, mit dem er sich das Ferrari-Cockpit geteilt hatte, den dritten Platz bei dieser Targa, die Umberto Maglioli mit einem Porsche gewinnt. Wo wäre Hans Herrmann wohl ohne das Bremse-Gas-Handicap gelandet?

Jedenfalls scheint sich die Situation 1957 wieder zu stabilisieren, als er sich in der Formel 1 für das Maserati-Cockpit entscheidet. Alfred Neubauer übrigens, der Mercedes-Rennleiter, hatte sich überall für Hans Herrmann eingesetzt und ihn auch bei Ernesto Maserati

Hans Herrmanns persönliche Erinnerungen:

»1957 – BONNIER UND ICH FUHREN IN DIESEM JAHR FÜR DIE SCUDERIA CENTRO SUD. WANN IMMER ICH MIT DIESEM DING GEFAHREN BIN, BIN ICH AUSGEFALLEN. STELLEN SIE SICH VOR: AM NÜRBURGRING SIND BONNIER UND ICH AN DERSELBEN STELLE DEFEKT LIEGEN GEBLIEBEN. DER WAGEN WAR EXTRA FÜR MICH WEISS LACKIERT, WEISS FÜR DEUTSCHLAND.«

und Enzo Ferrari empfohlen. Das geht aus Neubauers Schriftverkehr mit den beiden Herren hervor. Außerdem fuhr ja Fangio auf Maserati, und auch der hatte immer wieder ein Wort für den jungen Hans Herrmann eingelegt, sodass der Stuttgarter 1957 also am Volant eines Maserati antreten konnte.

Doch die größte Konstante in der Maserati-Episode stellt der Misserfolg dar. Während Fangio 1957 Weltmeister auf Maserati wird, kann Hans Herrmann nicht einmal den sprichwörtlichen Blumentopf gewinnen. »Die Werksteams«, so blickt Hans Herrmann heute auf diese recht bittere Zeit zurück, »hatten optimale Unterstützung. Dabei sind die privaten Teams eben oft auf der Strecke geblieben.« Ausgefallen, ausgefallen, ausgefallen, ausgefallen, ausgefallen. So steht es in der Ergebnisliste des Jahres 1957, wenn Hans Herrmann in einem Maserati Platz nahm. Und so steht es auch in den Zeitungen von damals, was in der Öffentlichkeit in Deutschland unterschwellig den Ruf entstehen lässt, dass die Autos nicht besonders zuverlässig sind. Als der gelernte Konditor sich im selben Jahr noch entschließt, motorsportlich betrachtet kleinere Brötchen zu backen und vom Formel-1-Cockpit in die Kategorie Sportwagen zu wechseln, stellt sich sofort der Erfolg wieder ein. Hans Herrmann fährt im Borgward RS drei Klassen-

siege in Folge ein, gepaart mit einem zweiten, einem dritten und einem vierten Platz im Gesamtklassement. 1957 zieht sich Maserati als Weltmeister aus dem Rennsport zurück, in privaten Teams gehen allerdings noch Maserati-Rennwagen an den Start.

Dementsprechend bleibt Hans Herrmann auch 1958 bei Borgward und macht mit den Autos aus Bremen vor allem seinem früheren Brötchengeber Porsche das Leben auf den Rennstrecken schwer. Doch das Thema Formel 1 ist für Hans Herrmann noch lange nicht abgehakt. Immer wieder geht er an den Start, meist über die Scuderia Centro Sud von Guglielmo »Mimmo« Dei, der dieses private Rennteam leitete, sich immer wieder Fahrer engagierte und auch bezahlte. Joakim Bonnier stand ebenso auf seiner Lohnliste wie die erste Frau in der Formel 1, Maria Teresa de Filippis, und andere berühmte Namen wie Masten Gregory, Colin Davis, Lorenzo Bandini, Louis Chiron, Carroll Shelby, Alessandro de Tomaso, Wolfgang Berghe von Trips, Maurice Trintignant und einige andere große Persönlichkeiten des Motorsports.

Abb.
1957, Maserati F 250, Großer Preis von Deutschland

Hans Herrmanns persönliche Erinnerungen:

»AUF DIESER SEITE HABEN WIR VERSCHIEDENE MARKEN. OBEN EIN BORGWARD, RECHTS EIN MASERATI VON 1957, UNTEN EBENFALLS EIN MASERATI AUS DEM JAHR 1953. MIT ALLEN DREIEN BIN ICH AUSGEFALLEN. AUF DEM GROSSEN BILD LACHE ICH, ALS WÜRDE ICH IN EINEM SIEGERAUTO SITZEN, ABER NIX WARS.«

3

Hans Herrmanns persönliche Erinnerungen:

»1957, MONT PARNÉS, BORGWARD. DA SIND WIR UM DIE BERGEUROPAMEISTERSCHAFT GEFAHREN. DIE BORGWARDMANNSCHAFT IST AM ZOLL AUFGEHALTEN WORDEN, DADURCH HATTEN WIR EINEN TRAININGSNACHTEIL. AUSSERDEM WAR DER BORGWARD ETWAS SCHWERER ALS DER PORSCHE 550, ABER DER BORGWARD WAR EIN GUTMÜTIGES AUTO UND GUT ZU FAHREN.«

»Mimmo« war ein Maserati-Händler, folglich lässt sich Hans Herrmann immer wieder auf den Maserati in der Formel 1 ein – und wird immer wieder enttäuscht. Bei drei Starts mit den Italienern im Jahr 1958 springt als bestes Resultat ein 9. Platz in Casablanca heraus. Die anderen beiden Rennen mit dem Maserati, Monza und Nürburgring, kann Hans Herrmann nicht ins Ziel fahren. Zum Ende des Jahres 1958 teilt dann auch Borgward mit, man werde sich aus den Sportwagenrennen zurückziehen. Offiziell lautet die Begründung, man wolle sich in Bremen auf die neue Formel 1 vorbereiten, die ab 1961 gültig sein wird. Hinter den Kulissen munkelt man aber schon von den Zahlungsschwierigkeiten des Hauses. Unterm Strich sind die Zukunftsaussichten von Hans Herrmann zu Beginn des Jahres 1959 alles andere als rosig.

Der Stuttgarter ist zwar Mitglied der Porsche-Mannschaft, doch wie schon einige Jahre zuvor steht er nicht ganz oben auf der Prioritätenliste des Porsche-Rennleiters Huschke von Hanstein. Dort finden sich die Namen von Wolfgang Berghe von Trips, Joakim Bonnier, Edgar Barth und Umberto Maglioli. Also muss Hans Herrmann offen sein für allerhand andere Experimente, zum Beispiel für Einsätze im Behra-Porsche, den er in Reims hinter den Cooper-Borgward von Stirling Moss auf den zweiten Platz steuert und somit mit dem Auto seines Freundes Jean Behra die beiden Werksporsche von Joakim Bonnier und Wolfgang Berghe von Trips auf die hinteren Ränge verweist. Im Hinblick auf die Prioritätenliste des Porsche-Rennleiters von Hanstein ist das natürlich ein wertvoller Sieg für Hans Herrmann, dass er eben mit dem Behra-Porsche schneller war als die Kollegen Trips und Bonnier mit dem Werksmaterial.

Beim großen Preis von Deutschland dann startet Hans Herrmann wieder in der Königsklasse, und zwar in einem BRM F1. Das Rennen wird in diesem Jahr auf der Avus in Berlin ausgetragen. Am Tag vor dem Start verunglückt sein Freund Jean Behra tödlich. Hans Herrmann wollte nach den vergangenen Jahren und Erfahrungen mit Borgward, Maserati, Mercedes und nicht zuletzt auch Porsche gemeinsam mit Jean Behra ein eigenes Rennteam gründen, so stirbt also am Tag vor dem

Abb. oben
Eberhard Storz, Rennmonteur von Porsche, Jean Behra (Mitte) und Hans Herrmann

Hans Herrmanns persönliche Erinnerungen:

**»RECHTS: CARLO ABARTH, WIE ER LEIBT UND LEBT:
JUNGE, DU MUSST GAS GEBEN. DER HATTE TEMPERAMENT, DER MANN, ABER ICH KAM MIT IHM HERVORRAGEND AUS.**

UNTEN: FUSS IN DER LUFT – ES GING SCHON ZUR SACHE BEI DEN BERGRENNEN.«

Formel-1-Rennen auf der Avus in Berlin nicht nur ein guter Freund von Hans Herrmann, sondern – und das wiegt genauso schlimm – eine Perspektive, eine Hoffnung auf eine bessere Zukunft im Rennsport.

Dass Hans Herrmann nicht gerade vor Optimismus sprüht, so wie man es eigentlich sonst gewohnt ist von ihm, ist verständlich. Auf dem Weg zum Start sinniert er noch: »Wenn hier (gemeint ist die Anfahrt auf die Südkehre) nach der kilometerlangen Geraden bei Höchstgeschwindigkeit die Bremsen versagen, ist der Fahrer verloren. Es gibt keine Ausweichmöglichkeit, und am Außenrand der Kurve stehen dann dicht gedrängt die Zuschauer.«

Genau so passiert es. Hans Herrmann fährt mit Top Speed, etwa 280 km/h, auf die Südkehre zu, tritt kurz vor der Kurve aufs Bremspedal – und es passiert nichts. Das Auto wird nicht langsamer. Keine Wirkung. In Hans Herrmann arbeitet es. »Die Ausfahrt aus der Autobahn, also die leichte Biegung, die dann zu der engen Linkskehre führt, würde ich schon noch erwischen, doch dann würde ich voll in die Zuschauer rasen, da ich für die 180-Grad-Wendung viel zu schnell bin. Ich entscheide mich, geradeaus in die Strohballen zu fahren, und nehme den erste Ballen genau zwischen die Vorderräder. Dass das nicht gut ausgehen kann, ist mir längst klar. Ich überschlage mich mehrfach, werde aus dem Auto geschleudert, fliege durch die Luft, sehe Zuschauer, Himmel, Auto, Asphalt, Zuschauer, Himmel und so weiter. Alles rasend schnell hintereinander, und ich denke mir noch: ›Mein Gott, jetzt stirbst du, hier in Berlin. Wo es doch so viele schöne Mädchen gibt.‹«

Hans Herrmann hat die richtige Entscheidung getroffen. Niemand stirbt. Weder er noch eines der schönen Mädchen, das er mit Sicherheit erwischt hätte, wäre er in die Zuschauermenge gerast. Später wird deutlich, dass Hans Herrmann rund 70 Meter durch die Luft geflogen und rund 60 Meter auf dem Asphalt geschliddert ist. Er hätte tot sein müssen, doch der folgende Krankenhausaufenthalt dauert nur zwei Wochen.

Abb. oben
1958, am Nürburgring, Borgward RS

32

Hans Herrmanns persönliche Erinnerungen:

**»EIN UNGLAUBLICHES STARTBILD – SO ENG WAR FRÜHER DER START.
DIE STARTREIHE AM NÜRBURGRING WAR 4-3-4-3-4.**

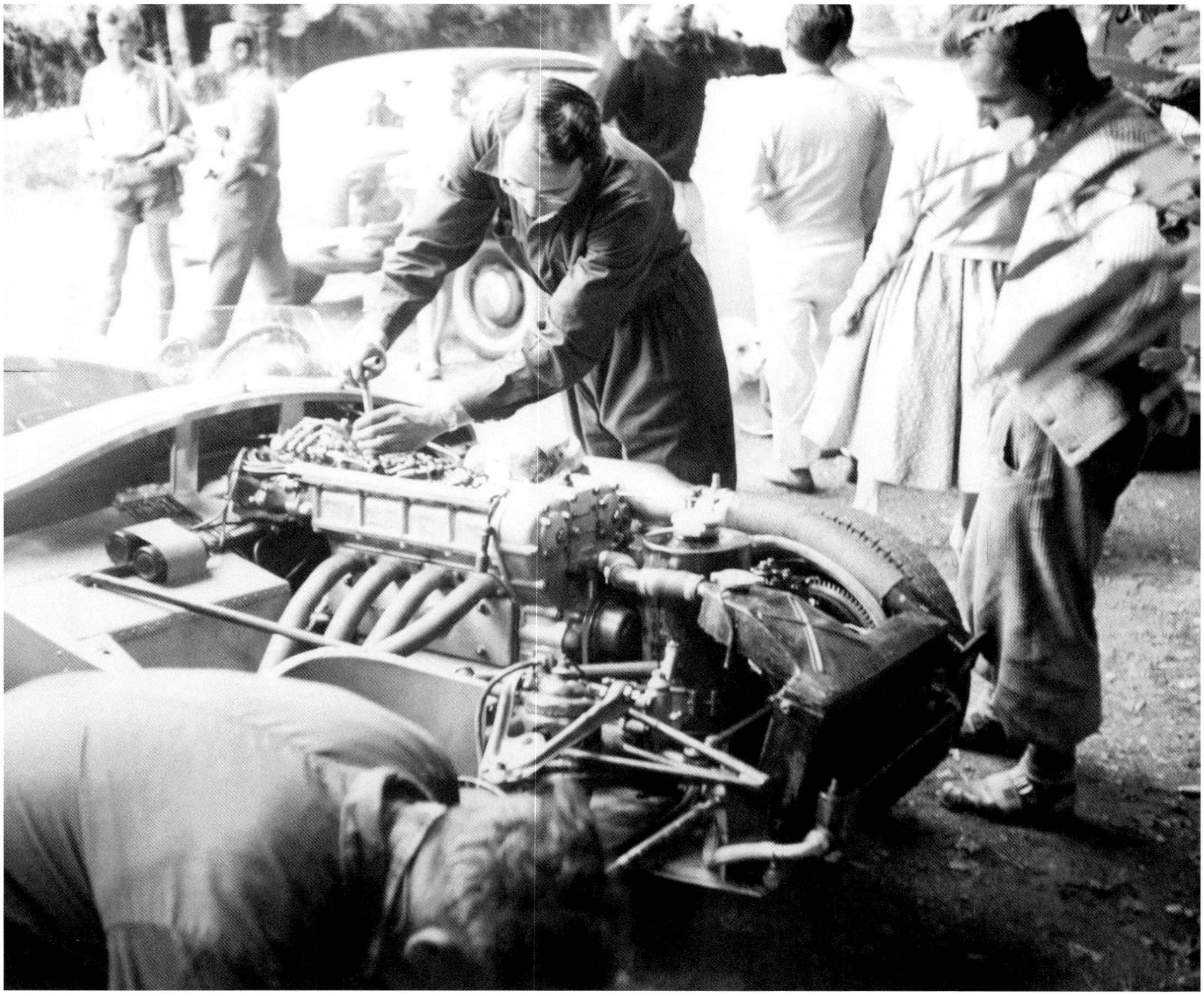

Unmittelbar danach sucht er Ferry Porsche auf und bittet um einen Wagen für das Bergrennen Klosters-Davos. Hans Herrmann will die Angst besiegen, er will wieder fahren, ist mit 31 Jahren sowieso noch zu jung zum Aufhören. Und er will sich in einen Wagen setzen, dessen zuverlässige Bremsen schon seinerzeit legendär waren – er will in einen Porsche. Obwohl Hans Herrmann natürlich nicht für einen Start vorgesehen war, arrangiert es Ferry Porsche, dass Hans Herrmann ein Auto bekommt. Einen 1,5-Liter-RSK. Hans Herrmann hat seine eigene Art, sich bei Ferry Porsche für diese Chance zu bedanken: Er gewinnt dieses Rennen.

Die Folge: Hans Herrmann bleibt Porsche verbunden und darf sich zwei weitere Jahre mit Huschke von Hanstein auseinandersetzen, bis es 1961 erneut zum Bruch kommt und Hans Herrmann 1962 wieder in einem italienischen Auto startet. Auch der Zugang zur Formel 1 wird immer schwerer. 1961 fährt er noch für Porsche Formel 1, doch es ist klar, dass mit dem Engagement bei Abarth in Turin auch Hans Herrmanns Tage in der Königsklasse gezählt sind.

Carlo Abarth, ein Österreicher in Turin, ist nach der erfolgreichen Vermittlung des Chefredakteurs von *auto motor und sport*, Heinz Ulrich Wiesel-

Hans Herrmanns persönliche Erinnerungen:

»HIER WIRD GESCHRAUBT.«

mann, der neue Arbeitgeber von Hans Herrmann. Das Engagement beinhaltet nicht nur die Einsätze bei Rundstrecken- und Bergrennen – immerhin bis zu 30 Rennen pro Jahr –, sondern vor allem auch Test- und Entwicklungsfahrten. Abarth wollte sich nach dem Zweiten Weltkrieg eigentlich in Richtung Südamerika absetzen, doch er blieb in Genua hängen. Sein Schiff fuhr ohne ihn. In Italien findet der ehemalige Motorradrennfahrer und Ex-Rennleiter von Cisitalia, die mit einer Porsche-Konstruktionen gestartet waren, eine neue berufliche Heimat. Er produziert Auspuffanlagen, die den kleinen Fiat-Motoren 6–8 PS mehr entlockten und für jedermann erschwinglich waren. Außerdem bietet er getunte Versionen von Fiat-Modellen an, sodass sich seine Firma schnell ein Image von Rasanz und Dynamik auf der Straße erfährt.

Obwohl Hans Herrmann nun nur noch in den kleineren Klassen starten kann, bringt für ihn die Abarth-Zeit viel Neues. Zunächst lernt er, bei den Bergrennen von der ersten Sekunde an voll da zu sein. Diese Eigenschaft hatte er zuvor schon bei Borgward trainiert, jetzt kann er sie noch weiter ausbauen. Es ist ein typisches Charakteristikum von Bergrennen, dass man von Anfang an mit voller Konzentration arbeiten muss, wenn man gewinnen will. So wie es manche

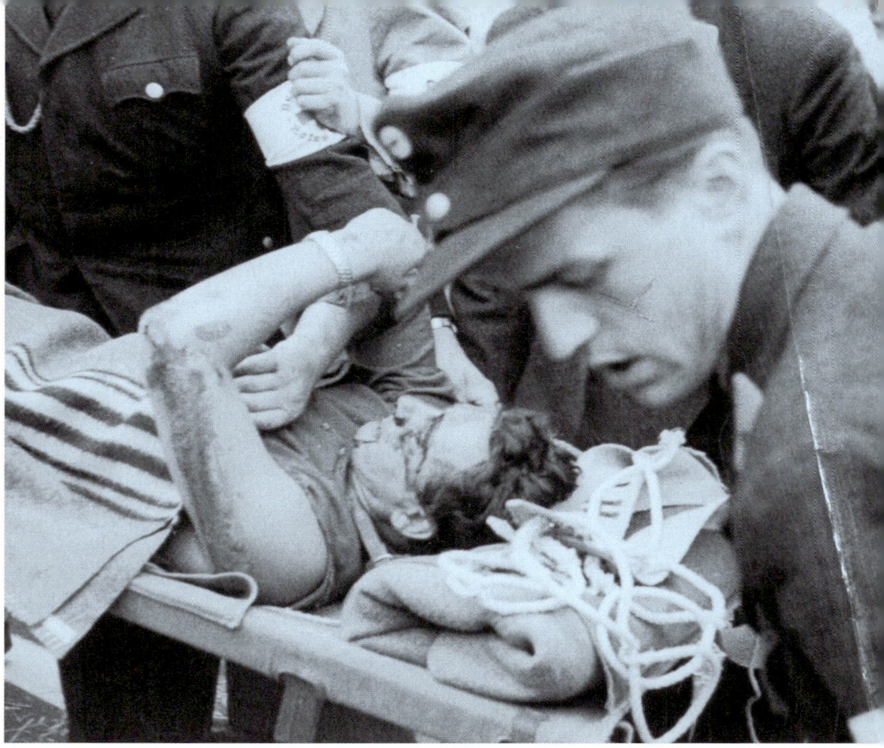

Hans Herrmanns persönliche Erinnerungen:

»DAS WAR 1959, MEIN SCHRECKLICHER UNFALL AUF DER AVUS. ICH DACHTE, HIER IN BERLIN STIRBST DU, ES IST DEIN LETZTES RENNEN. ZUM GLÜCK WAR ES NICHT SO.

OBEN WERDE ICH ABTRANSPORTIERT INS KRANKENHAUS. WIE MAN SIEHT, IST DIE KLEIDUNG ABGESCHÜRFT.

UNTEN DIE BILDZEITUNG VOM MONTAG DANACH: STIRLING MOSS BEZEICHNET DIE AVUS ALS SCHLECHTESTE RENNSTRECKE DER WELT.«

Montag, den 3. August 1959

10 Pf

Bild Zeitung

8 Millionen Exemplare

UNABHÄNGIG • ÜBERPARTEILICH

Englands Meisterfahrer Stirling Moss sagte nach dem Todessturz Behras:

Kritik an der Avus: STIRLING MOSS

AVUS – schlechteste Rennstrecke

Elastofixo und Fixoflex UHRARMBÄNDER aus Walzgold-Doublé oder Edelstahl finden Sie in großer Auswahl von DM 15.50 bis DM 28.– in allen Fachgeschäften

Von den BILD-Redakteuren Dr. HERMANN HARSTER und HEINZ SCHMIDTCHEN

Berlin, 3. August

Das Autorennen um den Großen Preis von Deutschland, zum erstenmal seit 33 Jahren auf der Berliner Avus ausgetragen, gewann gestern der englische Ferrari-Fahrer Toni Brooks — aber es war ein Rennen im Schatten des Todes.

Der grausige Unglücksfall, bei dem am Samstag im Sportwagenrennen der weltberühmte französische Rennfahrer Jean Behra (38) in der Nordkurve unter den Augen von Zehntausenden von Zuschauern sein Leben gelassen hatte, lastet dunkel über der Avus.

„Die Avus ist die schlechteste Rennstrecke der Welt!" Härtere Kritik als der englische Vize-Weltmeister Stirling Moss (er schied in der zweiten Runde aus) hat noch niemand an der berühmten Avus geübt, auf der gestern auch der deutsche Fahrer Hans Hermann verunglückte, aber mit Schürfungen davonkam.

„Die Avus ist gefährlich, uninteressant und erfordert nur wenig fahrerisches Können", sagt Moss. „Warum wurde der Große Preis nicht wie immer auf dem herrlichen Nürburgring veranstaltet?" Und der amerikanische Ferrari-Pilot Phil Hill fügte hinzu: „Die Avus ist bei nassem Wetter einfach nicht zu fahren. Die Nordkurve, in der Behra verunglückte, ist nicht korrekt gebaut!"

In der Tat kann man den Veranstaltern des Rennens den Vorwurf nicht ersparen, auf der regenschlüpfrigen Bahn nicht alle nötigen Sicherheitsvorkehrungen getroffen zu haben!

(Lesen Sie bitte dazu auf S. 5: „Behra könnte noch leben!")

NIXON: Die Welt braucht offene Herzen

Abreise aus Moskau

Noch ein Sturz: Hans Hermann verletzt

Hans Hermann rast mit seinem BRM in die Südkurve. Da blockieren die Bremsen ...

Die Bremsen hatten blockiert

Diese Photos zeigen die atemberaubenden Sekunden, da gestern in der Südkurve der Berliner Avus der deutsche Rennfahrer Hans Hermann den Saum des Todes streifte. In der siebenten Runde des zweiten Durchganges blockierten die Bremsen die Räder seines

Boxer gibt, die erst nach zwei, drei Runden im Kampf richtig ankommen, oder Fußballer, die die ersten Minuten eines Spiels als Warmlaufphase betrachten, so war Hans Herrmann ein Fahrer, der ein, zwei Runden benötigte, bis er richtig im Rennen ankam. Mit derlei »Eingewöhnungsphasen« war nun Schluss. Abarth – ein Gentleman-Workaholic, der bis zu 18 Stunden und mehr am Tag arbeitete – duldete darüber hinaus auch keine »Eingewöhnungsphasen«.

Außerdem lernt Hans Herrmann nun, wie man ein Auto genau abstimmt. Wie man den Ingenieuren und Mechanikern genaueste Anweisungen geben kann, wie sich das Auto verhält und wie man nachbessern kann. Diese Eigenschaft unterscheidet Hans Herrmann von jetzt an von vielen anderen Rennfahrern. Zunächst profitiert Abarth davon, doch genau von dieser Fähigkeit, Schwachpunkte an einem Wagen zu erkennen und dies den Entwicklern verbal so mitteilen zu können, dass diese exakt wissen, wie sie das Problem angehen können, profitiert später auch Porsche bei der Entwicklung der Rennwagen 906, 910, 907, 908 und letztendlich auch beim 917, dem Überrennwagen überhaupt.

Diese Lehrjahre sind auch auf der Rennstrecke keine Herrenjahre. Auch wenn viele Klassensiege und einige Gesamtsiege in den Ergebnislisten stehen, so sind diese Jahre doch gekennzeichnet durch Ausfälle und technische Defekte. Doch Carlo Abarth hält zu Hans Herrmann, hat seinen Piloten einmal so charakterisiert: »Ich kenne keinen anderen Rennfahrer, der wie Hans Herrmann mit so wenig Risiko so schnell Rennen fährt.« Es ist für den österreichischen Maestro Carlo Abarth, der förmlich körperliche Schmerzen erleidet, wenn seine Rennautos beschädigt werden, natürlich ein ganz wichtiges Kriterium, dass jemand schnell sein kann und dabei die Risiken für das Auto minimiert.

Allerdings leidet in diesen Jahren mit Carlo Abarth vor allem das Privatleben von Hans Herrmann, der ja 1962 geheiratet hat und nun die ersten Ehejahre großenteils mehr in Italien als zu Hause in Deutschland verbringen muss. Besonders Magdalena Herrmann ist mit diesem Zustand nicht besonders glücklich, sodass sich 1965, im Jahr der Geburt des ersten Sohnes, wieder eine Heimkehr zu Porsche anbahnt, die ja dann 1970, fünf Jahre später, in den Sieg in Le Mans mündet.

Und noch eines nimmt Hans Herrmann mit aus diesen Zeiten in Italien und bei anderen Rennställen als Porsche und Mercedes: Kontakte, Freundschaften, Beziehungen. Hans Herrmann kennt 1970, als er seine Rennkarriere beendet, quasi alle wichtigen Männer der Automobilindustrie persönlich. Dieses internationale Netzwerk, zu dem er auch durch seine Engagements außerhalb Deutschlands Kontakte knüpfen konnte, bildet später ein unbezahlbares Kapital bei der Gründung seiner eigenen Firma, der Hans Herrmann Autotechnik GmbH. Er pflegt diese Beziehungen auch und baut sie aus, sodass über ihn und seine Firma eine Plattform für praktisch die gesamte Autoindustrie entsteht. Vorstände, Aufsichtsräte, Entwickler, Vertriebler, Rennfahrer, Journalisten, Verleger – alle gehen bei ihm ein und aus, und mit den Jahren hat sich das Beziehungsgeflecht um ihn herum immer stabiler entwickelt, sodass Hans Herrmann mehr und mehr in den Mittelpunkt gerückt ist.

Hans Herrmanns persönliche Erinnerungen:

»DAS IST DER ABARTH-MONOPOSTO, MIT DEM WIR LEIDER NIE RICHTIG AUF TEMPO GEKOMMEN SIND, UND WIR WUSSTEN NICHT, WORAN ES LAG. ES WAR EIN SEHR SCHÖNER RENNWAGEN, MIT VIEL LEIDENSCHAFT GEBAUT, ABER NICHT SCHNELL GENUG.«

Hans Herrmanns persönliche Erinnerungen:

»MIT DER STARTNUMMER 30 OBEN, DAS WAR AUF DER AVUS 1962 MEIN ERSTES ABARTH-RENNEN. ICH WAR IN FÜHRUNG LIEGEND AUSGEFALLEN - GETRIEBESCHADEN. OBEN RECHTS SIEHT MAN KLAUS STEINMETZ, EINEN EHEMALIGEN PORSCHE-MANN UND JETZT BEI ABARTH INGENIEUR.

UNTEN GIBT CARLO ABARTH WIEDER SEINE ANWEISUNGEN.

RECHTS DER LE-MANS-START BEI EINEM 500-KILOMETER-RENNEN AM NÜRBURGRING.«

97
120

HANS HERRMANNS RENNWAGEN
»UNGLAUBLICH: ÜBER 70 VERSCHIEDENE RENNWAGEN HABE ICH GEFAHREN«

9

WER WIE HANS HERRMANN EINE GANZE ÄRA DES MOTORSPORTS GEPRÄGT HAT, DER MUSS MEHR ALS EINEN RENNWAGEN GEFAHREN HABEN. BEI HANS HERRMANN WAREN ES 74 VERSCHIEDENE AUTOS, WOBEI WIR NUR DIE GEZÄHLT HABEN, DIE BEKANNT SIND UND AUF RENNVERANSTALTUNGEN AUFGETAUCHT SIND. UM EINEN KURZEN ÜBERBLICK ÜBER DEN TECHNISCHEN FORTSCHRITT IN 19 JAHREN MOTORSPORT ZU GEBEN UND UM EINMAL ZU ZEIGEN, DASS DIE RENNWAGEN FRÜHER KEINESWEGS ENTSCHEIDEND LANGSAMER WAREN ALS HEUTIGE RENNWAGEN, HABEN WIR AUS DEN 74 EIN PAAR HERAUSGEGRIFFEN UND MARKANTE TECHNISCHE ECKDATEN RECHERCHIERT.

Hans Herrmanns persönliche Erinnerungen:

»IN MEINEN 19 JAHREN RENNSPORT HABE ICH DIE UNTERSCHIEDLICHSTEN RENNWAGEN GEFAHREN. ES WAREN GANZ VERSCHIEDENE KLASSEN UND STÄRKEN. ABER WIR HABEN JEDES AUTO IN DEN VORVERSUCHEN SO HINBEKOMMEN, DASS ES FÜR MICH OPTIMAL ZU FAHREN WAR. DAS WAR HOCHINTERESSANT, WEIL JEDER WAGEN NATÜRLICH SEINE EIGENHEITEN HATTE. ICH MEINE: DAS WAREN RUND 70 UNTERSCHIEDLICHE AUTOS – UNGLAUBLICH VIELE FÜR NUR EINEN RENNFAHRER.«

1952

Porsche 356 , 1500

1953

Porsche 1500 S

Veritas F2

Porsche 550 Sport

Porsche 550

Maserati 2 Liter

1954

Porsche 550 Spyder

Mercedes F1

1955

Mercedes F1

Mercedes 2,5 Liter

Mercedes 300 SLR

1956

Porsche 550

Porsche RS

Ferrari 3,5 Liter

Ferrari 2 Liter

Porsche Spyder

1957

Maserati 3 Liter Spyder

Porsche RS

Maserati 250 F 1

Maserati 3,5 Liter Spyder

Maserati 4,5 Liter Spyder

Borgward RS

1958

Porsche RS 1,6 Liter

1959

Porsche RSK 1,6 Liter

Porsche-Behra F2

Cooper – Maserati F 1

BRM F 1

Porsche RSK 1,5 Liter

1960

Porsche RS 60 1,6 Liter

Porsche RS 60 1,7 Liter

Porsche F 2

Cooper – Climax F 2

1961

Porsche RS 61 1,7 Liter

Porsche F 1 1,5 Liter

Mercedes 220 SE

1962

Porsche Carrera Abarth GT

Abarth 1000 GT

Porsche RS 2 Liter

Abarth Simca 1300

Abarth Simca 1500

1963

Abarth 2000 Spyder

Abarth 1000 TC

Abarth 1000 Pr.

Abarth 850 Pr.

1964

Abarth 1 L F 2

Abarth 2000 GT

Mercedes 300 SE

Abarth 1300 Prot.

1965

Abarth 1600 OT

Abarth 2000 OT

Lotus BRM 1 L F 2

Abarth 1600 Sp.

1966

Porsche 906 2 Liter

Porsche 906

Porsche 906 E

Porsche 2 Liter Prototyp

Willment BRM 2 Liter

Brabham 1 L F 2

1967

Porsche 910 2 Liter

Porsche 910

Porsche 910 2,2 Liter

Porsche 907 2 Liter (Foto links)

Porsche 907 2,2 Liter

Porsche 911

1968

Porsche 908 3 Liter

Porsche 908

1969

Porsche 908 Spyder

Lola T 70 5,7 Liter

Mercedes 300 SEL

Lotus 1,6 Liter F 2

Ferrari P 4 4 Liter

1970

Porsche 917 4,5 Liter

Porsche 917

Porsche 908

PORSCHE 550 SPORT

Höchstgeschwindigkeit:	200 km/h
Leistung: 78 PS bei 6.000 U/min	
Hubraum:	1488 ccm
Zylinder:	4
Baujahr:	1953
Leergewicht:	545 kg

PORSCHE 550 RS SPYDER

Höchstgeschwindigkeit:	254 km/h
Leistung: 135 PS bei 7.200 U/min	
Hubraum:	1498 ccm
Zylinder:	4
Baujahr:	1956-1957
Leergewicht:	550 kg

MERCEDES-BENZ W 196 STROMLINIE

Höchstgeschwindigkeit:	über 300 km/h
Leistung: 256 PS bei 8.260 U/min	
Hubraum:	2496 ccm
Zylinder:	8
Baujahr:	1954
Leergewicht:	829 kg

MERCEDES-BENZ W 196 MONOPOSTO

Höchstgeschwindigkeit:	über 300 km/h
Leistung: 290 PS bei 8.500 U/min	
Hubraum:	2496 ccm
Zylinder:	8
Baujahr:	1955
Leergewicht:	832 kg

PORSCHE 718 RS 60 SPYDER

Höchstgeschwindigkeit:	260 km/h
Leistung: 160 PS bei 7800 U/min	
Hubraum:	1587 ccm
Zylinder:	4
Baujahr:	1960
Leergewicht:	548 kg

PORSCHE 718/2 MONOPOSTO

Höchstgeschwindigkeit:	250 km/h
Leistung: 150 PS bei 8.000 U/min	
Hubraum:	1498 ccm
Zylinder:	4
Baujahr:	1959-1960
Leergewicht:	456 kg

PORSCHE 906 CARRERA 6 COUPÉ

Höchstgeschwindigkeit:	280 km/h
Leistung: 210 PS bei 8.000 U/min	
Hubraum:	1991 ccm
Zylinder:	6
Baujahr:	1965 -1966
Leergewicht:	675 kg

PORSCHE 910 – 6 COUPÉ

Höchstgeschwindigkeit:	265 km/h
Leistung: 220 PS bei 8.000 U/min	
Hubraum:	1991 ccm
Zylinder:	6
Baujahr:	1966
Leergewicht:	575 kg

PORSCHE 907 – 8 COUPÉ

Höchstgeschwindigkeit:	325 km/h
Leistung: 270 PS bei 8.600 U/min	
Hubraum:	2195 ccm
Zylinder:	8
Baujahr:	1968
Leergewicht:	600 kg

PORSCHE 908 LANGHECK

Höchstgeschwindigkeit:	320 km/h
Leistung: 350 PS bei 8.600 U/min	
Hubraum:	2997 ccm
Zylinder:	8
Baujahr:	1968
Leergewicht:	650 kg

PORSCHE 917 -4.5 COUPÉ

Höchstgeschwindigkeit:	340 km/h
Leistung: 580 PS bei 8.400 U/min	
Hubraum:	4494 ccm
Zylinder:	12
Baujahr:	1970
Leergewicht:	800 kg

PORSCHE 908.03 SPYDER

Höchstgeschwindigkeit:	275 km/h
Leistung: 350 PS bei 8.600 U/min	
Hubraum:	2997 ccm
Zylinder:	8
Baujahr:	1970
Leergewicht:	545 kg

HANS HERRMANN ALS UNTERNEHMER UND FAMILIENVATER
AM ANFANG WAR DER »SNOWGRIP«

10

VON VORNEHEREIN STAND FÜR MAGDALENA HERRMANN, DIE EHEFRAU VON HANS HERRMANN, EINES FEST: »MEINE SÖHNE SOLLEN NICHT RENNFAHRER WERDEN«, SAGT DIE FRAU, DIE EIN GANZES LEBEN LANG NEBEN HANS HERRMANN STEHT, SEI ES PRIVAT ODER MIT DER HANS HERRMANN AUTOTECHNIK GMBH, DIE NACH DER RENNFAHRERKARRIERE IHRES MANNES GEGRÜNDET WURDE.

»Von da an habe ich arbeiten müssen.«

Die Söhne, das sind Dino, geboren 1965, und Kai, geboren 1969. Und im Übrigen waren sich Magdalena und Hans Herrmann in diesem Punkt der Kindererziehung sehr einig. Denn auch Hans Herrmann wollte nicht, dass die Jungs in Richtung Rennsport tendieren. So finden sich auch heute noch im Haus der Herrmanns zunächst keinerlei Anzeichen dafür, dass man hier das Heim des erfolgreichsten deutschen Rennfahrers bis zur Ära Schumacher betritt. Die Tonnen an Pokalen, Trophäen, Medaillen, Fotos und sonstige Erinnerungen, die derart zahlreich vorhanden sind, dass man ein eigenes kleines Museum daraus machen könnte, stehen allesamt im Keller. Schön präsentiert, sicher, aber doch so platziert, dass sie im Alltag der Familie Herrmann keine Rolle spielen. Und so wachsen die beiden Söhne nicht im Silberglanz der Pokale des siegreichen Vaters auf, sondern in einer ganz normalen, schwäbisch-fleißigen, bürgerlichen Unternehmer-Stube.

Als Hans Herrmann im Jahr 1970 seine Rennfahrerkarriere beendet, ist er bereits seit acht Jahren mit Magdalena Herrmann verheiratet. Kennengelernt hat er die attraktive Besitzerin einer Milchbar aus Wuppertal auf dem Nürburgring 1960 beim 1000-Kilometer-Rennen. »Ich wurde von Graf Berghe von Trips durch die Boxen geführt, und in der Porsche-Box habe ich ihn dann zum ersten Mal gesehen. Das war – ja – das war Liebe auf den ersten Blick«, erzählt Magdalena Herrmann. Und wieder einmal ist Hans Herrmann an diesem Tag das Glück seiner magischen Zahl »23« zur Seite gestanden. Magdalena Herrmann war zu dieser Zeit 23 Jahre alt, und Hans Herrmann startete an diesem Tag mit der Startnummer 23. Das konnte eigentlich nur gut gehen.

Dabei hatte Hans Herrmann Ende der 50er, Anfang der 60er Jahre eine ganz andere Lebensweise, die eigentlich nicht in eine feste Bindung passt. Der junge Mann lebte damals das flotte Leben eines Rennfahrers, hatte genug Geld in der Tasche, kam sehr weit in der Weltgeschichte herum und feierte zu Hause in Stuttgart mit seinen Freunden bis in die frühen Morgenstunden. Der Stuttgarter Bürgermeister Arnulf Klett war Hans Herrmanns Nachbar in der Werastraße, und dieser sagte eines Tages ein wenig irritiert zu dem jungen Mann: »Herr Herrmann, bei Ihnen kommt man nicht mehr mit. Letzte Woche war sie blond, diese Woche ist sie brünett. Was kommt als nächstes, schwarz?«

UNIVERSITY

Hans Herrmanns persönliche Erinnerungen:

»DAS GROSSE FOTO IST BEI MIR ZU HAUSE ENTSTANDEN AUF DER TERASSE. DAMALS, MITTE/ENDE DER 70ER JAHRE WAREN WIR VIEL ZUSAMMEN. ICH FUHR KEINE RENNEN MEHR, DIE FIRMA WAR ZU DIESER ZEIT NOCH IM HAUS, SO DASS WIR VIEL BEIEINANDER WAREN. DAS WAR EINE HERRLICHE ZEIT FÜR MICH.

DAS FOTO OBEN WAR AM 17. AUGUST 1962 DIREKT NACH DER TRAUUNG IM RATHAUS IN MAICHINGEN. BEACHTEN SIE DEN GLÜCKLICHEN GESICHTSAUSDRUCK MEINER FRAU, DIE DIE FRISCH UNTERSCHRIEBENE HEIRATSURKUNDE IN DEN HÄNDEN HÄLT. DAS BILD UNTEN ZEIGT UNS ZWEI NACH 40 JAHREN EHE AN DERSELBEN STELLE AUF DER TREPPE IM RATHAUS.«

Hans Herrmanns persönliche Erinnerungen:

»ICH BIN IM ZWEIFEL. IST DAS GUT FÜR MEINE KINDER, SO EIN SPIELZEUGRENNWAGEN, ODER NICHT? EIGENTLICH WAR ICH MIT MEINER FRAU EINIG, DASS UNSERE SÖHNE NICHT RENNFAHRER WERDEN SOLLTEN. DIESES SPIELZEUG HABEN WIR DESHALB DANN GLEICH WEG-GEGEBEN.«

Diesen Lebenswandel hätte Hans Herrmann wahrscheinlich noch ein Weilchen fortführen können, trotz seines Alters von 34 Jahren, wenn nicht die Mutter des Rennfahrers interveniert hätte. »Hans, die aus dem Rheinland, die nimmst Du«, hat sie gesagt. »Die ist fleißig, die kann ›schaffa‹ (arbeiten), und die ist bodenständig. Die nimmst Du.« Magdalena Herrmann schmunzelt heute noch, wenn Sie an diese Zeit vor der Heirat zurückdenkt: »Er musste mich heiraten«, sagt sie, »seine Mutter hat mich mehr als nur empfohlen.« Am 17. August 1962 war es soweit, in Maichingen im Rathaus wurde Hochzeit gehalten. Hans und Magdalena Herrmann haben sich das Ja-Wort gegeben. Warum er – der überzeugte Stadtmensch – allerdings schon 1960, in dem Jahr, in dem er seine spätere Frau kennengelernt hat und noch nicht einmal verlobt war, ein Grundstück in der Landhaussiedlung Maichingen gekauft hat, das kann sich Hans Herrmann heute nicht mehr so genau erklären. »Wahrscheinlich aus einer Laune heraus«, sagt er. Aber trotzdem hat er später genau auf diesem Grundstück das gemeinsame Heim der jungen Familie Herrmann gebaut.

Doch die ersten Jahre an der Seite eines Rennfahrers sind für die junge Frau nicht einfach. Natürlich hat sie Angst um ihren Mann, denn der Beruf des Rennfahrers, den er ja mit Leidenschaft ausübte, war seinerzeit eine höchst gefährliche Arbeit. Oft starben drei, vier Piloten in einer Saison. Dies ist heute glücklicherweise nicht mehr so, die Verbindung zwischen Tod und Fahrer ist weit weniger eng geworden dank der vielen Sicherheitsvorkehrungen, die nicht zuletzt auf Fahrer wie Niki Lauda und Jackie Stewart zurückgehen und auf Macher wie Herbert Linge, den Gründer der ONS-Staffel. Eine andere Verbindung ist allerdings heute noch genauso aktuell wie damals: die Verbindung von Rennfahrern und schönen Frauen, die sich stets im Dutzend an den Rennstrecken tummeln. Magdalena Herrmann: »Mein Mann hatte ja oft immer einen ganzen Schwarm Frauen um sich. Aber ich habe nach dem Motto gehandelt: In der Freiheit liegt die Fessel.« Wie

Abb. oben
Hans Herrmann, Anfang der 70er Jahre

Hans Herrmanns persönliche Erinnerungen:

»HIER WAR ICH IN FLORIDA UNTERWEGS IN MEINER FUNKTION ALS PRÄSIDENT DER FORMEL V EUROPA. MIT ZWEI RENNKOMMISSAREN GEHEN WIR GEMEINSAM DEN RENNABLAUF DURCH. ES IST ALSO EINE ORGANISATORISCHE BESPRECHUNG. AUS DER FORMEL V SIND EINIGE GUTE FAHRER HERVORGEGANGEN, ZUM BEISPIEL KEKE ROSBERG DER SPÄTERE FORMEL 1 WELTMEISTER. BEI DEN FAHRERN WAR ICH ANERKANNT, WEIL ICH EBEN SELBER GEFAHREN BIN.«

man sieht, war dieser Weitblick von Erfolg gekrönt, denn die Herrmanns sind nun seit über 45 Jahren verheiratet.

In dieser Zeit schöpft Magdalena Herrmann Kraft aus ihrem Glauben und aus den Erfolgserlebnissen, die sie sich als selbstständige Unternehmerin erarbeitet. Ihre Milch- und Snackbar in Düsseldorf verfolgt ein gastronomisches Konzept, das seiner Zeit weit voraus ist. Das Geschäft geht richtig gut, und schon nach einem halben Jahr sind alle Schulden bezahlt, die Magdalena zusammen mit ihrer Schwester Dorothea zur Gründung ihres eigenen Geschäftes machen musste. In der Bar der Schwestern gibt es Kleinigkeiten zu essen, Snacks eben, und neben frischen Milchprodukten auch das, was sonst in einer Bar serviert wird – Champagner zum Beispiel. Übrigens heiratet auch Magdalenas Schwester indirekt in den Motorsport ein – Dorothea gibt dem englischen Geschäftsmann John Willment das Ja-Wort, der den Gulf-Rennstall besitzt, den sein Renndirektor John Wyer führt.

Die ersten Ehejahre von 1962 bis 1965 waren für das junge Paar sehr hart, denn Hans Herrmann hält sich berufsbedingt viel in Italien auf. Magdalena Herrmann hilft also auch noch nebenher der Mutter von Hans im Cafe Schlauder. Der Arbeitgeber des Stuttgarters zu dieser Zeit heißt Carlo Abarth, für den Hans Herrmann insgesamt vier Jahre lang als Renn- und Testfahrer fungiert. Damit verbringt Hans Herrmann nüchtern betrachtet die ersten drei Jahre nach der Hochzeit mehr in Turin als in Maichingen. Erst 1965 normalisiert sich das Verhältnis zu Porsche wieder, und 1966 bekommt Hans Herrmann erneut ein Engagement bei Porsche, sodass er jetzt mehr bei seiner Familie sein kann.

»Mir war das sehr recht«, erzählt Magdalena Herrmann, »dass sich mein Mann und der Huschke von Hanstein (Porsche-Rennleiter) wieder besser verstanden haben. Erstens saß er dann aus meiner Sicht heraus betrachtet wieder in einem sichereren Auto, und zweitens war er doch mehr zu Hause als unterwegs. Und nicht umgekehrt. Als wir auf der Suche nach einem Namen für unser erstes Kind waren, waren wir uns einig, dass es zum Nachnamen Herrmann einen ausgefallenen Vornamen geben sollte. Dass es dann ›Dino‹ geworden ist, da ist mein Mann gemeinsam mit Huschke von Hanstein drauf gekommen. Dino ist

Hans Herrmanns persönliche Erinnerungen:

»DAS IST NOCH IM ALTEN HAUS. MEIN SOHN DINO, DER HEUTE IN LOS ANGELES FILMMUSIK PRODUZIERT, WAR SEHR NEUGIERIG. ER HAT SICH FÜR MEINE RENNPOKALE INTERESSIERT.«

eigentlich eine Kurzform der Verniedlichung ›Alfredino‹. Und da der Huschke Patenonkel werden wollte von unserem ersten Kind, haben wir uns ersten Sohn ›Dino‹ getauft und von Hanstein zum Patenonkel gemacht.«

Als dann 1969 der zweite Sohn, Kai, das Licht der Welt erblickt, wird natürlich auch die Verantwortung von Hans Herrmann für seine Familie immer größer. Seine Frau bedrängt ihn, mit der Rennerei aufzuhören, und wendet alle Tricks an. Am Telefon erzählt sie ihm viel von den Kindern, führt dem älteren Sohn die Hand, als der noch nicht schreiben kann, und produziert kleine Briefbotschaften, auf denen etwa steht: »Sei vorsichtig, denk dran, was Du daheim hast.« Sie hängt ihm sogar die Bilder von verunglückten Rennfahrern an die Tür. Doch Erfolg hat sie erst, als sie ihm bei der Abfahrt nach Le Mans 1970 das Versprechen abnimmt: »Wenn Du gewinnst, hörst Du auf, ja?« Und dann hat er gewonnen und aufgehört.

Für Hans Herrmann beginnt jetzt eine neue Zeit, die er augenzwinkernd so beschreibt: »Von da an habe ich arbeiten müssen.« Und auch sein Freund Herbert Linge stellte bei Hans Herrmann gewisse Veränderungen im Lebenswandel fest: »Der Hans, der war auf einmal frühmorgens um halb sieben bei der Arbeit. Das wäre ihm in seiner Zeit als Rennfahrer nicht passiert – jetzt als Unternehmer war das normal für ihn.«

Den Anstoß für den Schritt in die Selbstständigkeit gibt ein anderer befreundeter Rennfahrer. Jaruslav Juhan aus Guatemala, den Hans Herrmann nun schon über 15 Jahre lang kennt. Juhan und Herrmann pilotierten bereits 1954 den Porsche 550 Spyder bei der Carrera Panamericana in Mexiko auf den dritten Platz im Gesamtklassement und fuhren gleichzeitig den Klassensieg ein. Jedenfalls war man Ende 1970, Anfang 1971 zusammen beim Skilaufen in Arosa in der Schweiz. Dabei waren Jaruslav Juhan, Herbert Linge und seine Frau Lilo und Fritz Jüttner. Man hatte gemeinsam ein Haus gemietet und Juhan ein neuartiges Produkt aus Norwegen dabei – den »Snowgrip«. Der »Snowgrip« ist so etwas Ähnliches wie Schneeketten, nur dass der

Abb.
Hans und Dino Herrmann, 1969

iance.

Hans Herrmanns persönliche Erinnerungen:

»LINKS IM BILD SIND WIR EINER EINLADUNG INS SPRINGERHOCHHAUS NACH BERLIN GEFOLGT. DA SIND ALTE RENNFAHRER ZUSAMMENGEKOMMEN, VON LINKS: HERMANN LANG, KARL KLING, BARONIN EVI VON ROSQUIST, AN DER WAND MAX SCHMELING, JUAN MANUEL FANGIO, ERNST HENNE, DER VOR DEM ZWEITEN WELTKRIEG HÖCHSTGESCHWINDIGKEITS-REKORDE AUF DEM MOTORRAD FUHR, DANN ICH UND GANZ RECHTS EUGEN BÖHRINGER.

OBEN SIEHT MAN DIE FÜHRUNGSRIEGE DER FOMEL V.

RECHTS UNTEN IST DR. HERMANN HARSTER, DER MITBEGRÜNDER VOM GOLDENEN LENKRAD, WÄHREND EINER VERBRAUCHSFAHRT VON PARIS NACH GENF. WIR WAREN DAS HERRENTEAM, LILI REISENBICHLER UND IHRE KOLLEGIN WAREN DAS DAMENTEAM.«

Hans Herrmanns persönliche Erinnerungen:

»BEI TESTFAHRTEN FÜR DEN SNOWGRIP, DEN ICH 1970 IN DEUTSCHLAND EINGEFÜHRT HABE, WAREN WIR MIT DER MOTORREDAKTION IN DER SCHWEIZ UNTERWEGS. MAN BEACHTE: DIE KOMPLETTE REDAKTION WURDE MIT DEN SNOWGRIP-JACKEN AUSGERÜSTET.

»Snowgrip« kinderleicht zu montieren ist und dass die Montage auch noch funktioniert, wenn das Auto bereits festsitzt. Juhan hatte den Vertrieb übernommen und suchte einen Partner, der den »Snowgrip« von der Firma »Elkem-Spiker-Verket« in Deutschland vertreibt.

Magdalena Herrmann erinnert sich an den Beginn dieses Geschäfts: »Dieses Paket, in dem der ›Snowgrip‹ eingepackt war, lag da in der Ecke des gemieteten Hauses. Die Männer waren vor die Tür gegangen, um die neue Erfindung zu testen. Als ich zufällig aus dem Fenster schaue, sehe ich, wie unser Auto eine steile Straße hinauffährt, die eigentlich wegen der enormen Schneehöhe schon lange nicht mehr befahrbar war. Aber die Männer sind da hinaufgefahren wie nichts und auch wieder runter. Ich dachte, das ist ein tolles Gerät.« Die Männer, die allesamt ausgewiesenermaßen perfekte Autofahrer sind, hatten allerdings den kleinsten Anteil daran, dass das Experiment mit der steilen Straße glückte. Der »Snowgrip« war es, der den verschneiten Weg befahrbar gemacht hat.

Abb. oben
von links: Lewandowski, Streib, Roser, Schruf, Dr. Löffel, Eicker, König, Ostmann, Zeidler, Mehlin, Herrmann

Also traten die Herrmanns in Verhandlungen mit Juhan ein, wobei für Magdalena Herrmann, gelernte Kaufrau mit IHK-Prüfung, von vorneherein eines feststand: »Ich arbeite nicht für andere Leute, auch nicht für Juhan.« Das heißt, für sie war von Anfang klar, dass der Verkauf von »Snowgrip« nur über die Gründung einer eigenen Vertriebsfirma zum Erfolg führen kann. »Ich habe den runtergehandelt im Preis. Angefangen haben wir bei 2000 Stück. Mit zunehmender Stückzahl wurde der Einkaufspreis pro Stück dann immer geringer. Und ganz zum Schluss habe ich ihn dann gefragt: ›Und wie sieht der Preis aus für 10.000 Paar?‹ Und dann hatten wir einen akzeptablen Preis.«

Doch für Hans Herrmann und seine Frau Magdalena beginnt jetzt die harte Phase der Geschäftsgründung. Es gibt ja noch gar nichts. Das Büro ist der Herrmannsche Esszimmertisch im Wohnhaus – dort wird oft bis spät in die Nacht hinein gearbeitet, unter anderem an der ersten offiziellen Präsentation des »Snowgrip« in Deutschland auf der ersten Automechanika im Jahr 1971. Die IAA war nämlich in diesem Jahr kurzfristig abgesagt worden, weil die Automobilindustrie forderte, die IAA im zweijährigen Turnus auszutragen. So wurde die Automechanika geboren, die sich mit den Jahren zu einer wichtigen Leitmesse der Branche gemausert hat. 1971 jedenfalls bewirtet Frau Herrmann die Gäste nach besten Kräften, macht Kuchen, demonstriert selbst an den Autos, wie leicht der »Snowgrip« zu montieren ist, und gibt vor 80 Presseleuten einen Empfang. Die Bekanntheit von Hans Herrmann ist ein gutes Startkapital für die Hans Herrmann Autotechnik, und tatsächlich: Nach der Presseveranstaltung sind die Zeitungen voll. Hans Herrmann hatte schon während seiner Zeit im Cockpit unter anderem als Kolumnist oder als Autotester für große deutsche Magazine und Zeitungen gearbeitet, sodass er hier schon den Grundstein für die Nachhaltigkeit seines Bekanntheitsgrades zementierte. Auch nach Beendigung seiner Rennkarriere ist er ständig mit den Medien in Kontakt und dementsprechend präsent. Das hilft natürlich ungemein bei der Präsentation des neuen Produktes auf der Automechanika.

»Wenn gerade Ruhe war, oder niemand mehr am Stand war, dann habe ich den ›Snowgrip‹ aus Metall einfach mal fallen lassen. Das hat so einen Lärm gemacht, dass sofort wieder alle Augen auf uns gerichtet waren«, erzählt Magdalena Herrmann. »Ich konnte den ›Snowgrip‹ innerhalb von zwölf Sekunden auf den Reifen aufziehen. In den zehn Tagen, die die Messe gedauert hat, hatte ich acht Pfund abgenommen.«

In diesen Tagen unterrichtet Frau Herrmann auch ihren Mann in kaufmännischen Angelegenheiten. Der gelernte Konditor, Gastronom und Rennfahrer ist in diesen Dingen zwar nicht ganz unbelastet, allerdings doch ein wenig außer Übung. »Das hat mein Mann toll gemacht in dieser Zeit. Er hat ein unglaubliches Feeling für Zahlen entwickelt und oft sogar die Lagerbestände im Kopf gehabt. Auch später dann hat er ziemlich genau vorhersagen können, von welchem Artikel sich welche Stückzahl in welcher Größe absetzen lässt.« Jedenfalls waren Ende 1971, also nach etwa einem Jahr, von 10.000 bestellten »Snowgrips« schon 5500 Paar verkauft, also über die Hälfte.

Das nunmehr zehn Jahre alte Wohnhaus in Maichingen platzt aus allen Nähten, und Hans Herrmann baut nach der Messe 1971 direkt nebenan ein weiteres Wohnhaus mit einem geräumigen Unterge-

MARTINI
DUNLOP
4
MARTINI
PORSCHE
Shell
Shel

Hans Herrmanns persönliche Erinnerungen:

»GROSSES BILD: DREI DEUTSCHE LE MANS SIEGER AUS DREI RENNFAHRERGENERATIONEN. LINKS HERMANN LANG, IM COCKPIT JÜRGEN BARTH, UND ICH.

OBEN PLANTE MERCEDES BENZ DIE RÜCKKEHR IN DIE FORMEL 1 MIT EINEM AUTO VON PETER SAUBER, ALS PILOTEN WAREN LINKS HARALD FRENTZEN UND RECHTS KARL WENDLINGER VORGESEHEN. DOCH DAS PROJEKT SCHEITERTE, WEIL DIE ZUGESAGTEN SPONSORENGELDER VON BROKER AUSBLIEBEN.

RECHTS UNTEN: HUGO EMDE, PRESSECHEF VON BILSTEIN, UND ICH ALS FORMEL-V-PRÄSIDENT. EMDE HAT FAHRER AN TEAMS VERMITTELT.

Hans Herrmanns persönliche Erinnerungen:

»DAIMLER LÄDT IM DEZEMBER AM ENDE DER SAISON ALLE EIN, DIE FÜR DIE UNTERTÜRKHEIMER IM MOTORSPORT TÄTIG SIND. DA IST MORDS WAS LOS, ES KOMMEN BIS ZU 40.000 MENSCHEN. WIR FAHREN ALLE UNSERE RENNGERÄTE UND PRÄSENTIEREN SIE DORT DEN ZUSCHAUERN. ICH FAHRE ALSO JEDES JAHR EIN PAAR RUNDEN MIT DEM W 196.«

schoss, das fortan als Firmenzentrale dient. Die Frage nach dem »Warum« – warum man sich das antut, nach fast zwei Jahrzehnten im Motorsport, warum man wieder investiert, ein neues Geschäft aufbaut, beantwortet Magdalena Herrmann mit einem verwunderten Gesichtsausdruck: »Ja, der Mensch braucht doch Erfolgserlebnisse. Der Mensch braucht Aufgaben. Das ist doch so sehr wichtig.« Dabei hätte es für Hans Herrmann durchaus auch andere Möglichkeiten gegeben, zum Beispiel die Aufgabe des Sportleiters bei Porsche. Das hätte allerdings bedeutet, dass er noch im Alter von 42 Jahren sich in eine Organisation einordnet, und außerdem hätte er als Angestellter dann ja für jemand anders gearbeitet – für Porsche nämlich. Ebenso hätte es die Option gegeben, ins Hotelgeschäft einzusteigen, doch diese Karte zog Hans Herrmann auch nicht. Magdalena Herrmann: »Ich wollte, dass er in der Autobranche bleibt, und es hat sich gezeigt, dass wir die richtige Entscheidung getroffen haben. Und – darauf sind wir auch stolz – ohne viel Geld für Werbung ausgeben zu müssen. Die Bekanntheit hat ausgereicht für den Start.«

Die Bekanntheit hat übrigens auch für einen weiteren Posten ausgereicht, der indirekt ebenfalls der neuen Firma zugutekommt. Seine Bekanntheit nämlich beschert Hans Herrmann den Posten des Präsidenten

Hans Herrmanns persönliche Erinnerungen:

»LINKES BILD, VON LINKS NACH RECHTS: MICHAEL SCHUMACHER, ICH, KARL KLING, EUGEN BÖHRINGER UND JUAN MANUEL FANGIO. WIR SIND ZU EINER DEMOFAHRT AM NORISRING AUF HISTORISCHEN MERCEDES-BENZ-RENNWAGEN ZUSAMMENGEKOMMEN. OFFENBAR LÖSEN MICHAELS SCHUHE GESPRÄCHSBEDARF AUS. MÖGLICHERWEISE WAR SEIN SCHUHWERK NICHT GEEIGNET FÜR DIE PEDALERIE DER HISTORISCHEN FAHRZEUGE.«

der Formel V. Dieses Amt übt er bis 1976 aus. Die Formel V, in der vorgeschrieben ist, dass die Rennwagen überwiegend aus VW-Teilen gefertigt werden müssen, wird anfangs oft belächelt. Allerdings zu Unrecht, denn dadurch, dass alle Fahrer ähnliche materielle Voraussetzungen mitbringen, kann man sehr schnell erkennen, wo echte Fahrtalente im Cockpit sitzen. So gilt die Formel V als Talentschmiede, die im Nachhinein betrachtet der Ursprung war für unzählige unvergessene Momente im Motorsport. Die Liste derer, die in der Formel V angefangen haben, liest sich heute wie ein »Who is Who« des Motorsports: Niki Lauda, Jochen Mass, Keke Rossberg, Jochen Rindt, Marc Surer, Nelson Piquet, Emerson Fittipaldi und Klaus Niedzwiedz sind nur einige der Stars, die in den Rennwagen aus VW-Teilen ihre ersten Sporen verdienten.

Hans Herrmann gefällt diese Aufgabe sehr gut. »Die Hauptarbeit lag beim Generalsekretär Anton Konrad, der für die Presse- und Öffentlichkeitsarbeit des VW-Konzerns verantwortlich zeichnete, und ich war mehr das Aushängeschild«, sagt Hans Hermann, der den Posten zwar ausfüllt, aber auch genießt. Er kommt nach wie vor herum auf den Rennstrecken, kann zu den Rennen fahren, ist involviert, lernt die neuen Shootingstars kennen, gibt Lehrgänge und verteilt sogar Pokale. Früher hat er die Pokale bekommen.

Seine Firma, die Hans Herrmann Autotechnik GmbH, entwickelt sich sehr positiv. Mit den Jahren kommen immer mehr Artikel dazu. Neben dem »Snowgrip« vertreibt die Hans Herrmann Autotechnik zum Beispiel die Abschleppstange »Nr. Sicher«. Darüber hinaus werden für den ADAC professionelle Teleskop-Abschleppstangen entwickelt, die fast alle gelben Engel verwenden und die die Hans Herrmann Autotechnik GmbH noch heute im Programm hat und folglich auch noch liefert. Dieses Produkt wird im Auftrag von Hans Herrmann gefertigt, sodass dieser juristisch als Herstel-

Zweite Abb. von links:
Willi Weber, Hans Herrmann, Michael Schumacher, Ursula von Hanstein und Erich Brodbeck bei einer Automesse auf dem Killesberg in Stuttgart

Dritte Abb von links:
Hans und Magdalena Herrmann, Niki Lauda und Tamara Schüler beim Galaabend anlässlich des Mercedes-Benz-Motorsportevents

Vierte Abb von links:
Kimi Raikkönen und Hans Herrmann beim Fachsimpeln

Hans Herrmanns persönliche Erinnerungen:

«V.I.P.-EMPFANG BEI MERCEDES-BENZ: ION TIRIAC, EX-TENNISMANAGER, IST ERSTAUNT. HANS HERRMANN HAT ES GESCHAFFT, DEN SEHR ZURÜCKHALTENDEN IOC-PRÄSIDENTEN JUAN ANTONIO SAMARANCH IN DEN MERCEDES-BENZ-FORMEL-1-RENNWAGEN ZU BRINGEN. HERMANN ORGELDINGER MODERIERT. MATTHIAS KLEINERT ALS „DAIMLER-BENZ-AUSSENMINISTER" IM HINERTGRUND.«

ler fungiert. In der Entwicklungsphase kommt die Stange auch nach Weissach, wo sie im Beisein des späteren Rennleiters Peter Falk gestestet wird. Dieser prognostiziert genau, wo die Stange einknickt, wenn ruckartig gebremst wird. Techniker von Mercedes empfehlen, die Form des Hakens zu verändern, sodass er nicht nur schöner und leichter, sondern vor allem auch stabiler wird.

Dass Hans Herrmann eine feste Größe innerhalb der Autobranche darstellt, kommt ihm nun wirklich sehr zugute. An Werbung, an Prospektmaterial wird sehr viel selber gemacht. Und die Firma expandiert weiter. Diebstahlsicherungen bzw. Wegfahrsperren für Mercedes-Benz-Fahrzeuge sind das nächste Standbein. Hier kann Hans Herrman einige Jahre später, Anfang der 90er, Mercedes helfen, denn in Hongkong werden so viele S-Klasse-Fahrzeuge gestohlen, dass die Versicherungen sich weigern, dieses Auto zu versichern. Mit der nachrüstbaren Diebstahlsicherung für den W 140 kann Mercedes verhindern, dass Marktanteile verloren gehen. In diese Zeit fallen auch die ersten Begegnungen mit Dr. Zetsche, dem späteren Vorstandsvorsitzenden von Daimler. Hans Herrmann erinnert sich: »Dr. Zetsche kam von Freightliner-Trucks aus Amerika zurück nach Deutschland und wurde Entwicklungschef bei Daimler. Mir hat die Art und Weise gefallen, wie er das Versicherungsproblem schnell und effizient angegangen ist. Er hat einen Mann mit zwei von unseren Anlagen in ein Flugzeug nach Hongkong gesetzt und diese Sicherungen sofort einbauen lassen. Nach einer positiven Rückmeldung aus Hongkong hat er sofort 50 weitere Diebstahlsicherungen bestellt, später haben wir dann noch mal 2000 Stück geliefert. Also, er ist sofort aktiv geworden und hat gehandelt. Und das, obwohl meiner Auffassung

Hans Herrmanns persönliche Erinnerungen:

»MEIN ALTER FREUND JACKIE STEWART UND ICH. WIR TREFFEN UNS SEIT VIELEN JAHREN EINMAL IM JAHR IN GENF BEIM AUTOSALON.«

nach nicht die Entwicklung, sondern der Vertrieb dafür zuständig gewesen wäre, die Marktanteile in Fernost zu sichern. Ich habe ihn also von Beginn an als Mann kennengelernt, der weit über seinen Tellerrand hinausschaut und nicht nur sein Ressort im Blick hat. Das hat mich sehr beeindruckt.«

Und die Hans Herrmann Autotechnik wächst immer weiter. Aufgrund seiner Auslandserfahrung bei Carlo Abarth in Italien gibt es gute Kontakte zu den Azzuri. Daraus resultiert ein weiteres Standbein. Hans Herrmann wird Importeur von Speedline und versorgt künftig die Hersteller Mercedes, BMW und Porsche direkt als Erstausrüster mit Speedline-Felgen. Das Geschäft weitet sich sogar auf Nutzfahrzeuge aus. Hans Herrmann organisiert die Just-in-Time-Lieferung für Mercedes, Porsche und BMW und hat damit absolute Premiumhersteller der Automobilindustrie in seiner Kundenkartei. Momo, ebenfalls eine italienische Firma mit Sitz in Mailand, stellt unter anderem Lenkräder her, die Hans Herrmann vertreibt. Es kommt eine weitere Schneekette hinzu, an deren Entwicklung der Rennfahrer sogar noch ein wenig selbst mitgetüftelt hat. »Das bedeutet für mich Leben – wenn aus solchen Kontakten, wie es bei dem Schweizer Arthur Milz der Fall war, der neue Schneeketten entwickelt hat, dann Freundschaften entstehen, die auch halten.« Milz hatte die neuen Schneeketten entwickelt, weil er ein Haus in Hanglange bewohnte, dass im Winter nur sehr schwer mit dem Auto erreichbar war.

Und die Firma Hans Herrmann Autotechnik wächst und wächst, das Untergeschoss im neuen Haus wird immer mehr in Beschlag genommen. »Wie ein

Hans Herrmanns persönliche Erinnerungen:

»HIER BIN ICH MIT MEINEM LANGJÄHRIGEN, SEHR GUTEN FREUND KURT STOLL ZU SEHEN. ER HAT MIR BEI DER GRÜNDUNG MEINER FIRMA GEHOLFEN, UND BIS ZUM HEUTIGEN TAG STEHT ER MIR MIT RAT UND TAT ZUR SEITE. KURT STOLL HAT VIEL ERFAHRUNG IM TECHNISCHEN BEREICH, ER IST MITINHABER DER FESTO GMBH & CO. KG.

Krake habe ich mich da immer weiter ausgebreitet und Räume in Anspruch genommen, die eigentlich für die Familie bestimmt waren«, so Hans Herrmann. Bevor die Hans Herrmann Autotechnik GmbH also wieder auf Ess- und Wohnzimmertisch stattfindet, entscheidet man sich für einen Neubau. Im Industriegebiet von Maichingen, ganz in der Nähe von Stuttgart, entsteht 1984 und 1985 ein Bürogebäude mit Werkstatt und Lagerräumen, das 1986 bezogen wird. Endlich ist die Firma aus dem Wohnhaus draußen und die Familie hat wieder ihren Lebensraum. Das ist aber auch die Zeit, in der sich Magdalena Herrmann langsam ein wenig aus der Autotechnik zurückzieht und sich wieder verstärkt ihren Immobiliengeschäften widmet. Sie engagiert sich vor allem in der Renovierung von älteren Häusern. In all dem Trubel, den aufregenden Zeiten, ist sie ihrem Mann treu geblieben und hat ihn durch dick und dünn begleitet. Wenn der Satz stimmt, dass hinter jedem erfolgreichen Mann auch eine starke Frau steht, so sind die Herrmanns wohl ein Paradebeispiel dafür. Die Frau aus Wuppertal blickt mit einer gewissen Zufriedenheit zurück auf die mehr als 45 Jahre währende Ehe. Sie fühlt sich nach wie vor wohl im schwäbischen Maichingen und unterstreicht die Verbindung zu ihrem Mann heute noch mit Sätzen wie: »Also ich bin immer da zu Hause, wo mein Mann zu Hause ist. Es ist schön, mit ihm verheiratet zu sein.«

Hans Herrmanns persönliche Erinnerungen:

»MEIN ÄLTESTER FREUND NOCH AUS DER SCHULZEIT. RUDI HÄUSSLER. WIR SIND MITEINANDER AUFGEWACHSEN. ER WAR SCHON BEI DEN LEGENDÄREN BOPSER-RENNEN DABEI, DIE WIR MIT UNSEREN SPIELZEUGAUTOS VERANSTALTET HABEN ALS KINDER. IM KARLSGYMNASIUM WAR ER MEIN NEBENSITZER. RUDI HÄUSSLER IST GENERALUNTERNEHMER IN DER BAUBRANCHE, ER BIETET KOMPLETT ALLES AUS EINER HAND SCHLÜSSELFERTIG AN. WIR GEHEN MITEINANDER IN DEN URLAUB. MEISTENS LÄUFT ES SO, DASS ER FLIEGT UND ICH MIT DEM AUTO FAHRE – UND DANN GIBT ER MIR NOCH EINEN ODER AUCH ZWEI KOFFER MIT.

HANS HERRMANNS RENNPLAKATE

11

SIEGE SIND GUT FÜR DIE UMSÄTZE – UND FÜR DIE LITFASSSÄULE

»PR IST DAS ROHÖL DES MOTORSPORTS.« DIESE WEISHEIT GILT NICHT ERST SEIT DER NEUZEIT MIT 99 UND MEHR FERNSEH-PROGRAMMEN, SONDERN SIE IST SEIT JEHER KERNDEFINITION ALLER RENN-VERANSTALTUNGEN. GEWINNE AUF DEN RENNSTRECKEN BRINGEN GEWINNE AN MARKTANTEILEN AUF DER STRASSE UND DAMIT REALE GEWINNE FÜR EINE ERFOLG-REICHE MARKE. IN EINER ZEIT, IN DER NOCH KEINE 99 UND MEHR FERNSEHPROGRAMME ZUR VERFÜGUNG STANDEN, FAND DIE AUTO-INDUSTRIE ANDERE INSTRUMENTE, IHRE ERFOLGE KUNDZUTUN; ZUM BEISPIEL ÜBER PLAKATE. EIN PAAR SCHÖNE BEISPIELE AUS DIESER ZEIT ZIEREN DIE FOLGENDEN SEITEN.

HANS HERRMANN: »AN DIESES RENNEN KANN ICH MICH GENAU ERINNERN. ES HAT GEREGNET, DENNOCH STEHE ICH IN DER ERSTEN STARTREIHE. LEIDER HABE ICH ABER EINEN SCHLECHTEN START ERWISCHT, SO DASS GLEICH SECHS ODER ACHT AUTOS AN MIR VORBEIGEFAHREN SIND. ERST KURZ VOR SCHLUSS KAM ICH AN DEN FÜHRENDEN RICHARD VON FRANKENBERG HERAN, UND ERST IN DER LETZTEN RUNDE, KURZ VOR DER LANGEN GERADEN, KONNTE ICH IHN ÜBERHOLEN UND SO DOCH NOCH GEWINNEN. ALSO: ES WAR EIN DRAMATISCHES RENNEN FÜR MICH, ICH HABE MICH DURCH DEN REGEN NACH VORNE GEKÄMPFT UND DANN DOCH NOCH GEWONNEN.«

DREIFACHER PORSCHE-SIEG AUF DEM NÜRBURGRING 1953

HANS HERRMANN: »DAS WAR MEIN ERSTES GROSSES INTERNATIONALES RENNEN. ES WAR DAS ERSTE MAL, DAS ICH IN ITALIEN WAR. WIR, ALSO MEIN CO-PILOT ERWIN BAUER UND ICH, KONNTEN NUR EINE EINZIGE TRAININGSRUNDE ABSOLVIEREN, DAS WAREN BEI DER STRECKE VON RUND 1600 KILOMETERN ZWEI ODER DREI TAGE TRAINING, MEHR NICHT. TROTZDEM SIND WIR KLASSENSIEGER GEWORDEN.«

20. MILLE MIGLIA 1953

24 Stunden
Le Mans 1953

Porsche 550 Coupé
1. Klasse bis 1500 ccm

24 Stunden
Le Mans 1958
J. Behra/H. Herrmann
Porsche 718 RSK Spyder
3. Gesamtklassement

24 Stunden
Le Mans 1970
H. Herrmann/D. Attwood
Porsche 917
1. Gesamtklassement

24 Stunden
Le Mans 1971
H. Marko/G. v. Lennep
Martini Porsche 917
1. Gesamtklassement

PORSCHE

HANS HERRMANN: »HIER SIND EIN PAAR VON MEINEN EINSÄTZEN IN LE MANS ZUSAMMENGEFASST. 1953 WAR ICH DAS ERSTE MAL IN LE MANS. ES WAR MEIN ERSTER EINSATZ AUF EINEM WERKSPORSCHE. GEMEINSAM MIT HELM GLÖCKLER WURDE ICH KLASSENSIEGER. 1958 WAREN WIR SENSATIONELL DRITTER IM GESAMTKLASSEMENT, WAS DAMALS NIEMAND FÜR EIN AUTO MIT NUR 1600 CCM FÜR MÖGLICH GEHALTEN HAT. UND DANN SIEHT MAN NOCH DAS RENNEN 1970 – DAS WAR MEIN LETZTES RENNEN ÜBERHAUPT. NACH DEM ERSTEN GESAMTSIEG FÜR PORSCHE HABE ICH AUFGEHÖRT.«

LE MANS AUS PORSCHE-SICHT

HANS HERRMANN: »DAS WAR MEIN LETZTES RENNEN AUF DEM NÜRBURGRING. LEIDER BLIEB MIR EIN GESAMTSIEG BEI DEN 1.000 KILOMETERN AUF DEM NÜRBURGRING VERWEHRT. DIESES RENNEN 1970 WAR FURCHTBAR. DER FINNE HANS LAINE VERBRANNTE IN SEINEM AUTO. ICH WAR DER ERSTE AN DER UNFALLSTELLE, ABER DAS FEUER WAR SO HEISS, DASS ICH NICHT NÄHER ALS FÜNF METER AN DAS AUTO HERANGEHEN KONNTE. LAINE, DER UNTER DEM BRENNENDEN AUTO LAG, HAT NOCH VERSUCHT, HERAUSZUKOMMEN, ABER ER HAT ES NICHT MEHR GESCHAFFT. ICH MUSSTE DAS MIT ANSEHEN UND KONNTE IHM NICHT HELFEN. ER IST ELEND VERBRANNT.«

1000 KM NÜRBURGRING 1970

HANS HERRMANN: »MONZA WAR IMMER EIN RIESENSPEKTAKEL – DA WAR IMMER RICHTIG HIGH LIFE. 1969 GAB ES EINEN DREIFACHSIEG FÜR PORSCHE. ERSTER WURDEN SIFFERT UND REDMANN, ZWEITER AHRENS UND ICH, UND DRITTER WAREN KOCH UND DECHANT. DA WAR RICHTIG WAS LOS.«

1000 KM MONZA 1969

HANS HERRMANN: »LEIDER HABE ICH NIE EINEN GESAMTSIEG BEI DEN 1000 KILOMETERN VOM NÜRBURGRING ERREICHT. ABER IMMERHIN WAR ICH DREIMAL ZWEITER HINTER DEN PORSCHE-TEAMKOLLEGEN, UND ZWAR 1970, 1969 UND WIE HIER 1968.«

1000 KM NÜRBURGRING 1968

HANS HERRMANN: »DAS WAR EIN WICHTIGER UND HISTORISCHER SIEG FÜR PORSCHE. ZUM ERSTEN MAL HABEN WIR BEI DEN 24 STUNDEN VON DAYTONA DEN GESAMTSIEG ERRUNGEN. UND DABEI WAREN NUR DIE PORSCHE-PILOTEN AUF DEM PODIUM, WEIL DIE ANDEREN PORSCHE-TEAMS ZWEITER UND DRITTER WURDEN. EIN GRANDIOSER TRIUMPH.«

24 STUNDEN VON DAYTONA 1968

HANS HERRMANN: »1968 ZUSAMMEN MIT JO SIFFERT IM PORSCHE 907: DER SIFFERT UND ICH, DAS WAR EIN STARKES TEAM. WIR HABEN GEWONNEN.«

12 STUNDEN VON SEBRING 1968

Reifen Continental Reifen Continental Reifen Continental
32

HANS HERRMANN: »DAS WAR EIN EIGENARTIGES RENNEN. PORSCHE HAT NUR EIN EINZIGES WERKSAUTO GESCHICKT, EINEN 911 MIT SPORTOMATIC-SCHALTUNG. DAS HATTEN WIR NIE ZUVOR GEFAHREN. INSGESAMT WAREN RUND 80 ODER 90 AUTOS AM START BEI DIESEM ›MARATHON DE LA ROUTE‹. WIR HABEN DIE SENSATION GESCHAFFT: MIT NUR EINEM AUTO GESTARTET, HABEN WIR DIESES RENNEN GEWONNEN. DAS HAT AUCH DIE BESTELLUNGEN FÜR DIE SPORTOMATIC-SCHALTUNG IM 911 UNTERSTÜTZT.«

84 STUNDEN VOM NÜRBURGRING 1967

1960
Formel II
AINTREE 200
1. Stirling Moss
2. Joakim Bonnier
3. Graham Hill
44. TARGA FLORIO
Gesamtklassement
1. Bonnier/Hermann Porsche RS 60
2. Graf Trips/Phil Hill Ferrari 3 Ltr
3. Gendebien/Herrmann Porsche RS 60
4. Mairesse/Cabianca Ferrari 3 Ltr
5. Barth/Graham Hill Porsche RS 60
6. Strähle/Linge Porsche Carrera
7. Pedro,Ricardo Rodriguez Ferrari 2 Ltr
8. Strähle/Linge/Kainz Porsche Carrera
SPORT 2000 CC: 1. Bonnier/Herrmann
SPORT 1600 CC: 1. Barth/Graham Hill
GRAN TURISMO: 1. Strähle/Linge/Kainz
PORSCHE
Werkswagen ausgerüstet mit BP, Bosch, Dunlop

HANS HERRMANN: »DAS WAR DIESES KURIOSE RENNEN, WO ICH ERSTER UND AUCH DRITTER WURDE. DER PORSCHE-RENNLEITER WAR DAMALS DER ANSICHT, DER HANS HERRMANN HAT SO EINE GUTE KONDITION, DER KANN IN ZWEI TEAMS MIT ZWEI AUTOS FAHREN, EINE PAUSE BRAUCHT DER NICHT. ALSO BIN ICH MIT BONNIER GESTARTET, WIR WURDEN ERSTER. AUSSERDEM BIN ICH MIT GENDEBIEN INS RENNEN GEGANGEN, UND WIR WURDEN DRITTER.«

TARGA FLORIO 1960

preis Freiburg-Schau

insland

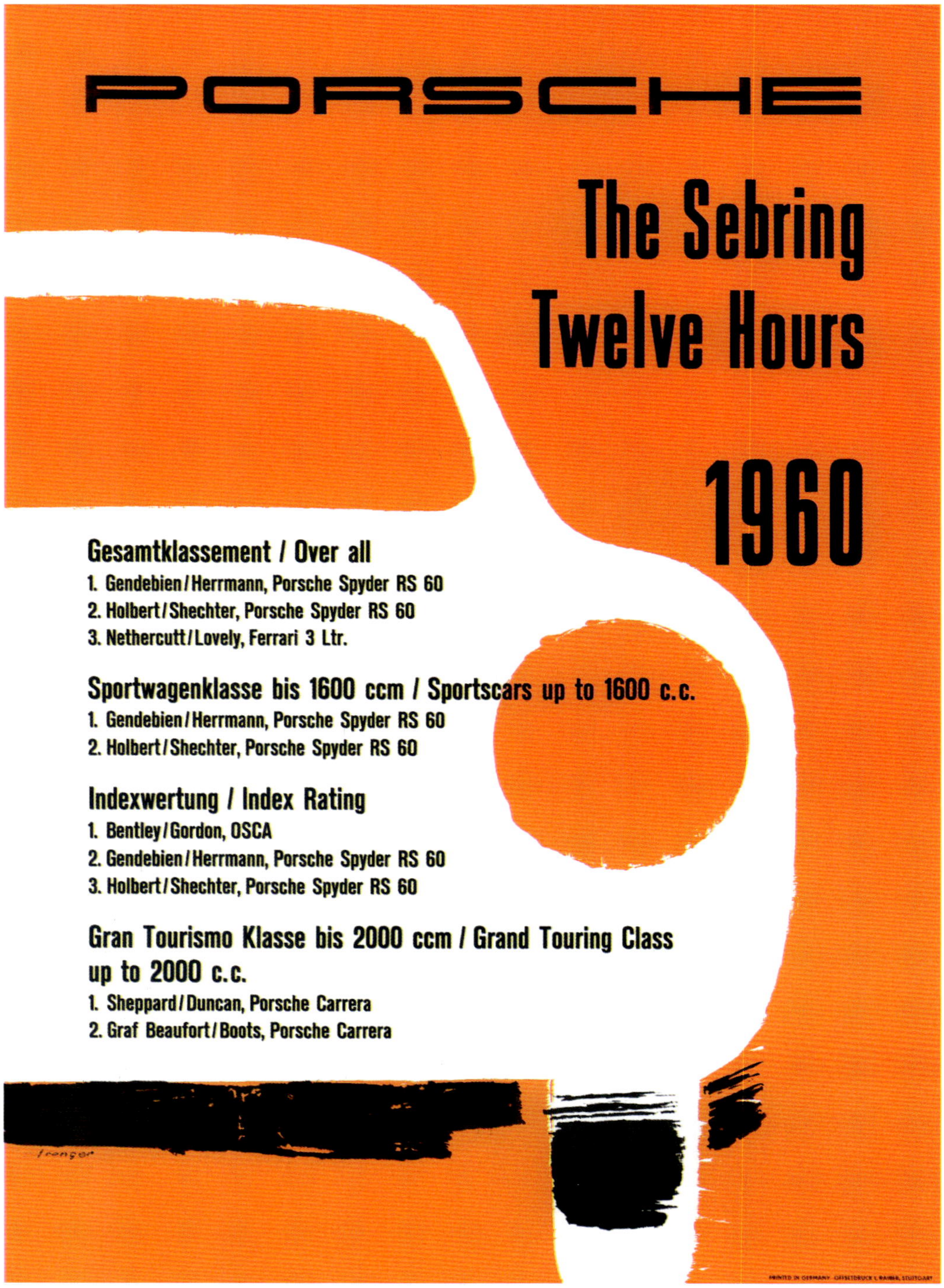
PORSCHE
The Sebring
Twelve Hours
1960
Gesamtklassement / Over all
1. Gendebien/Herrmann, Porsche Spyder RS 60
2. Holbert/Shechter, Porsche Spyder RS 60
3. Nethercutt/Lovely, Ferrari 3 Ltr.
Sportwagenklasse bis 1600 ccm / Sportscars up to 1600 c.c.
1. Gendebien/Herrmann, Porsche Spyder RS 60
2. Holbert/Shechter, Porsche Spyder RS 60
Indexwertung / Index Rating
1. Bentley/Gordon, OSCA
2. Gendebien/Herrmann, Porsche Spyder RS 60
3. Holbert/Shechter, Porsche Spyder RS 60
Gran Tourismo Klasse bis 2000 ccm / Grand Touring Class up to 2000 c.c.
1. Sheppard/Duncan, Porsche Carrera
2. Graf Beaufort/Boots, Porsche Carrera

HANS HERRMANN: »SEBRING WAR IMMER EIN TOLLES RENNEN, WEIL ES SO SICHER WAR. IN SEBRING FUHR MAN AUF EINEM FLUGPLATZ, UND DIE STRECKE WAR VORBILDLICH ANGELEGT. ES GAB GENÜGEND AUSLAUFZONEN, SO WIE HEUTE IN DER FORMEL 1. ES WAR ALSO GEFAHRLOS, DORT ZU FAHREN. WENN MAN VON DER STRECKE ABKAM, IST MAN 100 METER SPÄTER EBEN WIEDER DRAUFGEFAHREN. IN DIESEM JAHR KONNTEN OLIVIER GENDEBIEN UND ICH EINEN TOLLEN GESAMTSIEG FEIERN.«

12 STUNDEN VON SEBRING 1960

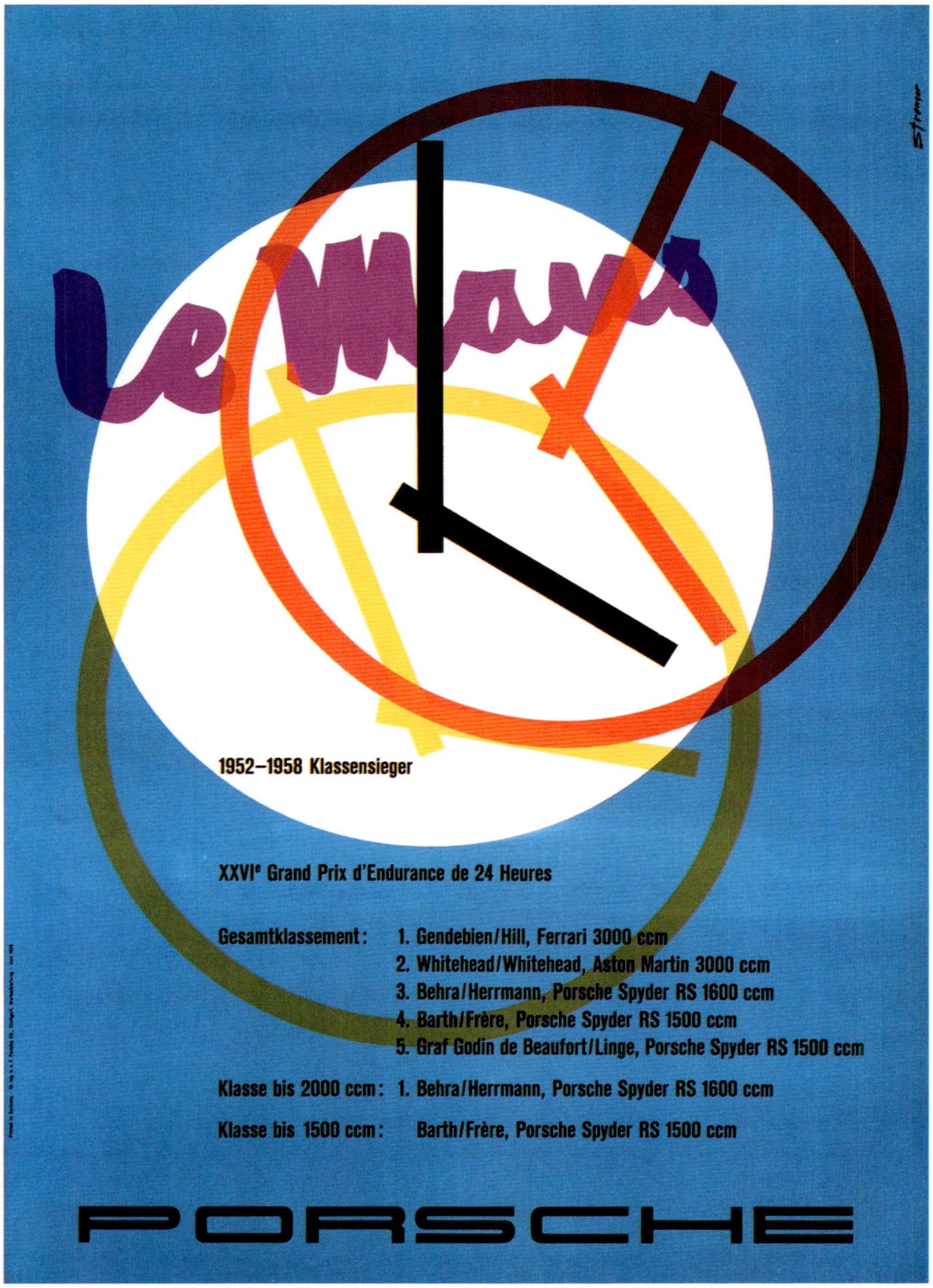

HANS HERRMANN: »1958 HOLTEN WIR, MEIN FREUND JEAN BEHRA UND ICH, DEN DRITTEN PLATZ IM GESAMTKLASSEMENT. DAS WAR EINE RIESENSENSATION, DENN WIR HABEN EINIGE WAGEN MIT VIEL GRÖSSEREN MOTOREN HINTER UNS GELASSEN. VOR UNS WAREN NUR NOCH EIN DREI-LITER-FERRARI UND EIN DREI-LITER-ASTON-MARTIN. ES HAT DAMALS NIEMAND GEGLAUBT, DASS MAN MIT EINEM SO KLEINEN MOTOR VON NUR 1600 CCM SO WEIT NACH VORNE FAHREN KANN IN DER GESAMTWERTUNG.«

24 STUNDEN VON LE MANS 1958

3
XR 761

HANS HERRMANN: »DAS WAR EINES DER ABENTEUERLICHSTEN RENNEN UNSERER ZEIT. DA GABS TIERE AUF DER STRECKE, OCHSENKARREN UND ANDERE HINDERNISSE. DAS WAR IMMER ABENTEUER PUR. 1955 BIN ICH ZEITGLEICH MIT JAROSLAW JUHAN AUS GUATEMALA ÜBER DIE ZIELLINIE GEFAHREN. DADURCH, DASS ICH IN DIE LETZTE ETAPPE EINE MINUTE SPÄTER GESTARTET BIN ALS ER, HATTE ICH AM ZIEL ALSO EINE MINUTE AUFGEHOLT UND BIN DADURCH KLASSENSIEGER GEWORDEN.«

CARRERA PANAMERICANA, MEXICO 1955

HANS HERRMANN: »1954 WAR EIN ERFOLGREICHES JAHR FÜR MICH. ES WAR NICHT NUR MEIN ERSTES JAHR IN DER FORMEL 1, SONDERN ICH WURDE AUCH ZUM ZWEITEN MAL DEUTSCHER MEISTER IN DER KATEGORIE RENNSPORTWAGEN.«

5 JAHRE DEUTSCHE MEISTERSCHAFT FÜR PORSCHE

20

MERCEDES-BENZ
gewinnt in hartem Kampf
gegen stärkste Konkurrenz auch das schnelle Rennen
um den „Großen Preis von Italien 1954"
1. Juan Manuel Fangio
4. Hans Herrmann

HANS HERRMANN: »IN DIESEM RENNEN HATTE ICH LEIDER WIEDER DEN MONOPOSTO BEKOMMEN. ES WAREN NUR ZWEI STROMLINIENMERCEDES FERTIG, UND DIE BEKAMEN NATÜRLICH FANGIO UND KLING. DIE STROMLINIEN-SILBERPFEILE WAREN FÜR DIE HOCHGESCHWINDIGKEITSKURSE WIE MONZA, REIMS ODER DIE AVUS ENTWICKELT WORDEN. HIER IN MONZA WAR ICH ALSO IN DER END-GESCHWINDIGKEIT EIN WENIG LANGSAMER ALS DIE BEIDEN STROMLINIEN-WAGEN. ABER DIESEN NACHTEIL HATTE ICH ALS JÜNGSTER IM TEAM EBEN IN KAUF ZU NEHMEN.«

GROSSER PREIS VON ITALIEN 1954

Und wieder siegt
MERCEDES-BENZ
mit seinen Silberpfeilen im „Großen Preis der Schweiz"
1. Juan Manuel Fangio
3. Hans Herrmann

HANS HERRMANN: »DAS WAR DAS LETZTE RENNEN IN DER SCHWEIZ. IM KOMMENDEN JAHR – ALSO 1955 – WAR JA DER SCHWERE UNFALL IN LE MANS, DARAUFHIN WURDEN ALLE RUNDSTRECKENRENNEN IN DER SCHWEIZ VERBOTEN. DIE BERGRENNEN GAB ES WEITERHIN. DAS WAR ALSO IN BERN AM STADTRAND AUF ÖFFENTLICHEN STRASSEN, ES WAR KEINE SPEZIELLE RENNSTRECKE.«

GROSSER PREIS DER SCHWEIZ 1954

41

Spyder

Dreifacher Sieg!
MERCEDES-BENZ
gewinnt auch den „Großen Preis von Berlin"
auf der schnellsten Rennstrecke der Welt
1. Karl Kling
2. Juan Manuel Fangio
3. Hans Herrmann

HANS HERRMANN: »DA HATTEN WIR ALLE DREI DIE STROMLINIENMERCEDES. DIE AVUS, DIE DAMALS ALS SCHNELLSTE RENNSTRECKE DER WELT GALT, WAR IN DIESER ZEIT SOGAR SCHNELLER ALS INDIANAPOLIS. WIR – ALSO FANGIO UND KLING UND ICH – SIND DIREKT HINTEREINANDER ZU DRITT DURCHS ZIEL.«

GROSSER PREIS VON BERLIN 1954

Überzeugender Sieg am Rio de la Plata
Großer Preis von Argentinien 1955
1. Weltmeister J. M. Fangio
4. Herrmann / Kling / Moss
MERCEDES BENZ

HANS HERRMANN: »DAS WAR DAS HITZERENNEN. AUS UNSEREM TEAM WAR NUR JUAN MANUEL FANGIO, DER ARGENTINIER, IN DER LAGE, ALLEIN DURCHZUFAHREN UND IST DABEI ABER AN DIE GRENZE SEINER LEISTUNGSFÄHIGKEIT GEGANGEN. WIR FUHREN ZU DRITT AUF EINEM WAGEN. KARL KLING, STIRLING MOSS UND ICH. SIE MÜSSEN SICH VORSTELLEN, DAS WAR SO EIN HEISSER SOMMERTAG, DASS 200 ZUSCHAUER IN DER HITZE KOLLABIERT SIND UND INS KRANKENHAUS ABTRANSPORTIERT WURDEN.«

ARGENTINIEN 1955

DUNLOP

GRUSSWORTE
GRATULANTEN AUS DER AUTOMOBILBRANCHE

12

HANS HERRMANN BEWEGT SICH IM FOKUS DER AUTOMOBILBRANCHE – UND DAS EIN LEBEN LANG. WELCHE WERTSCHÄTZUNG SEINE PERSON GENIESST, KANN MAN SICH LEICHT AUSRECHNEN, WENN MAN SIEHT, WER IHM GRÜSSE SENDET UND MIT WELCH PERSÖNLICHEN WORTEN DIES GESCHIEHT.

Sehr gerne erinnere ich mich an die enge Zusammenarbeit mit Hans Herrmann Ende der sechziger Jahre. Ich treffe ihn noch heute ab und zu. So wie erst kürzlich rein zufällig in Stuttgart. Und immer wechseln wir ein paar freundliche Worte. Und bei mancher IAA in Frankfurt habe ich Zeit gesucht und gefunden für einen Sprung auf den Stand von Hans Herrmanns Autotechnik. Es ist immer schön zu sehen, wie gut es diesem eindrucksvollen Rennfahrer früherer Jahre heute als Geschäftsmann geht.

Hans Herrmann war für das Porsche-Werksteam ungeheuer wichtig. Bei den großen Sportwagenrennen Ende der sechziger Jahre genauso wie bei der Entwicklung der unter meiner technischen Verantwortung konzipierten Porsche-Rennsportwagen 907, 908 und – vor allem – 917. Und so hat es mich ganz besonders gefreut, dass es Hans Herrmann war, der gemeinsam mit Richard Attwood 1970 den ersten Porsche-Gesamtsieg in Le Mans herausgefahren hat.

Hans Herrmann hat ein sehr großes Feingefühl für den Rennwagen. Er fuhr schnell, aber dabei schonend, nie mit der Brechstange. Und unser damaliger Fahrwerksexperte und späterer Rennleiter Peter Falk und ich legten großen Wert auf Hans Herrmanns Aussagen über das Fahrverhalten dieser Porsche. Nicht ohne Grund war er es, der die meisten Versuchskilometer abspulte. Und die anderen Fahrer wie Josef Siffert vertrauten seinem Können absolut. »Wenn der Hans den Wagen gefahren hat, ist er in Ordnung«, sagte der Schweizer mir einmal. Jeden Tag beinahe führten wir damals Neuerungen ein, die im Rennsport von heute als selbstverständlich gelten. Ich erinnere mich gerne an die verblüfften Gesichter der Fahrer, als ich ihnen meine Berechnungen über zu fahrende Rundenzeiten vorlegte, noch bevor wir an den Rennstrecken angekommen waren. Vor allem Hans Herrmann hat darüber oft den Kopf geschüttelt. Und dann fuhr er doch fast exakt so schnell wie theoretisch vorgegeben.

Ein Blick auf die Rennstrecken der Sportwagen-Weltmeisterschaft hatte mir gezeigt, dass fast alle Kurse im Uhrzeiger-Sinn gefahren wurden. Also kommen auf die Fahrer mehr Rechtskurven als Linkskurven zu. Und im Sinne einer optimalen Gewichtsverteilung ordnete ich an, dass der Fahrer bei unseren Rennsportwagen rechts zu sitzen hat. Auch hier wieder stöhnten sie zunächst: »Wir müssen uns völlig umstellen. Die paar Sekundenbruchteile, was macht das schon aus!« Aber wir haben viel gewonnen, das half gegen jede Kritik. Und bald hat keiner mehr was gegen den Rechtslenker gesagt.

Oder Sebring: Dort plötzlich mussten alle Fahrer angegurtet starten. Das erforderte bei einem Le-

Mans-Start einige Übung. Und ich ließ die Fahrer üben. Immer wieder, bis sie mir wütende Blicke zuwarfen. Aber als sie nach vielen Probesprüngen ins Auto beim Festzurren der Gurte nach dem Start flotter waren als die Gegner und vor dem dichtgedrängten Feld in Führung lagen, hat wohl mancher etwas anders gedacht. Auch Hans Herrmann, damals schon unser Senior im Team, sagte später: »Sie hatten recht, Herr Piëch!«

»Herr Piëch, wir haben uns an unsere Rennwagen gewöhnt, warum tauschen Sie die nach jedem Rennen aus?« stand Hans Herrmann als Vertreter aller Porsche-Werksfahrer einmal bei mir. Tatsächlich hatte ich beschlossen, dass unser Porsche-Werksteam bei jedem Rennen neue Rennwagen einsetzt. So schafften wir eine größtmögliche Zuverlässigkeit, die für Porsches Rennwagen sprichwörtlich wurde. Und bald schon merkten wir, dass es sinnvoller ist, sich auf einen neuen Rennwagen einzustellen als das Risiko von Defekten einzugehen. Übrigens, manche Kritiker warfen mir damals Geldverschwendung vor. Aber nur so lange, bis ich ihnen erklären konnte, dass fast alle Werkswagen nach einem Einsatz an Privatfahrer verkauft wurden. Die Taktik der stets neuen Flotte schlug kein Loch in die Kasse, im Gegenteil.

So zuverlässig Hans Herrmann auf den Rennstrecken auch war, beim Aufstehen war Pünktlichkeit seine Sache nicht. Und vor allem dann, wenn unser Training sehr früh begann, erschien unser Fahrer manchmal leicht verspätet. Große Zustimmung erntete ich bei unseren Monteuren, als ich in Mugello anordnete, dass jeder Fahrer für jede Minute Verspätung bei den Mechanikern eine Flasche Wein abzuliefern habe. Hans Herrmann, den seine Helfer wegen seiner ruhigen Art immer sehr mochten, wurde aus einem zweiten Grund der vielleicht beliebteste aller Fahrer: Zehn oder noch mehr Flaschen war er den Monteuren häufig schuldig. Aber ich hatte ein Einsehen mit dem Fahrer und stand auch ihm zur Seite. Bei der Weihnachtsfeier schenkte ich ihm einen riesengroßen Wecker. Erst kürzlich hat er mir erzählt, dass er ihn heute, um die 40 Jahre später, noch immer hat.

Lieber Herr Herrmann, vielleicht leistet der Wecker weiterhin gute Dienste. Denn auch der aufgeweckte Geschäftsmann beginnt früh am Tag mit der Arbeit.

In diesem Sinne auch weiterhin alles Gute!

Herzlichst Ihr

Dr. Ferdinand Piëch
Vorsitzender des Aufsichtsrates der
Volkswagen AG

Schon 1956, als 13-jähriger Bub, stand ich aufgeregt an der Rennstrecke von Le Mans und fieberte mit, als er seinen Porsche souverän um die Kurve steuerte und ihn dann auf der Geraden mit einem beherzten Tritt auf das Gaspedal auf Höchstgeschwindigkeit beschleunigte. Hans Herrmann, der junge, hoch talentierte Rennwagen-Pilot aus Stuttgart, der als Werksfahrer für die erst wenige Jahre zuvor gegründete Sportwagenschmiede Porsche startete, zog bereits damals die internationale Motorsport-Gemeinde in seinen Bann. Und er nutzte seine Begabung: Die vielen Klassen- und Gesamtsiege, die er in seiner aktiven Zeit zwischen 1952 und 1970 für Porsche auf internationalen Rennen erzielte, lassen sich kaum zählen. Seine sportlichen Fahrkünste haben maßgeblich mit zum Markenmythos von Porsche beigetragen.

Seine Vielseitigkeit als Fahrer ist Legende. Ob auf dem Formel-1-Parcours, beim Bergrennen oder im Langstreckenwettbewerb – überall beeindruckte er durch überzeugende Fahrleistungen und fuhr in der Regel ganz vorne mit, kontinuierlich über nahezu zwei Jahrzehnte hinweg. Dabei blieb er stets souverän und gelassen – von verbissenem Ehrgeiz keine Spur. Ihm war bewusst, dass es neben dem Sport noch das wahre Leben gab, und das hat er in vollen Zügen genossen. Kaum ein anderer deutscher Rennfahrer hat den Motorsport in den 50er und 60er Jahren so stark geprägt wie Hans Herrmann, mit dem mich eine langjährige persönliche Freundschaft verbindet.

Im Jahr 1970, unmittelbar nach seinem historischen Triumph bei den 24 Stunden von Le Mans, die er in einem Porsche 917 als Sieger beendete und der Marke so den ersten Gesamtsieg bei diesem prestigeträchtigen Langstreckenrennen bescherte, machte Hans Herrmann das Versprechen an seine Frau wahr und verabschiedete sich offiziell vom professionellen Motorsport. Das hält ihn allerdings nicht davon ab, sich bei historischen Rennen auch heute noch selber hinter das Volant zu setzen und Gas zu geben. Als prominenter Repräsentant einer Fahrer-Generation, die noch ohne Netz und doppelten Boden auf den Rennstrecken Erfolge feierte, ist er auf Veranstaltungen von Motorsport-Freunden weiterhin ein gern gesehener Gast und begehrter Gesprächspartner. Und dann hat er noch ein Unternehmen gegründet, ein sehr erfolgreiches sogar. Auch in diesem Geschäft dreht sich alles – wen wundert es – ums Automobil.

Obwohl er in seinen Rennwagen hin und wieder einmal abhob und aus der Kurve flog – als Mensch hat er die Bodenhaftung nie verloren. Trotz seiner Prominenz kannte er keine Star-Allüren. Der weltweite Ruhm, den er als international erfolgreicher Rennfahrer einheimste, das große Interesse der Medien an seiner Person, die Begeisterung der Motorsport-Enthusiasten am

Rande der Rennstrecken und die bewundernden Blicke der Frauen, die ihm nicht entgangen sein können – all das hat er zwar durchaus genossen, es ist ihm aber zu keiner Zeit zu Kopf gestiegen. Im Gegenteil: Bescheiden im Auftritt, unkompliziert im persönlichen Umgang, tief in seiner schwäbischen Heimat verwurzelt, loyal zu seinen Freunden stehend und seine Familie immer im Blick und im Herzen, ist er unbeirrt seinen Weg gegangen und im Kern geblieben, was er stets war: der Hans von nebenan, einer, mit dem man Pferde stehlen kann.

Nun feiert er – man möchte es kaum glauben – seinen 80. Geburtstag. Dass er mittlerweile auf acht Lebensjahrzehnte zurückblicken kann, sieht man ihm nicht an. Sein erfülltes, von vielen Erfolgen gekröntes Leben hat kaum Spuren hinterlassen. Auch heute steht Hans Herrmann noch mitten im Geschehen, leitet erfolgreich die Geschäfte seines Unternehmens und schmiedet weiterhin Zukunftspläne – immer augenzwinkernd, so wie man ihn eben kennt.

Lieber Hans, herzlichen Glückwunsch zum 80. sowie alles Gute, Gesundheit und Glück für Deine weitere Zukunft. Bleibe einfach so, wie Du bist.

Dr. Wolfgang Porsche
Vorsitzender des Aufsichtsrates der
Porsche Automobil Holding SE

Hans Herrmann ist keine Story, Hans Herrmann ist schon zu Lebzeiten Geschichte, und Hans ist mit 80 jung, modern denkend und dynamisch agierend geblieben.

Er hat mit der Rennfahrerei aufgehört, als ich fürs Abitur büffelte. Sein Abschlusszeugnis sah besser aus als meines – Hans war Bester bei den 24 Stunden von Le Mans. Es wäre falsch zu behaupten, dass ich dieses Ergebnis in meiner Abi-Klasse egalisiert hätte.

Hans ist eine Legende und ein Phänomen. Heute so engagiert und umtriebig wie einst, mit sämtlichen hervorragenden Kontakten ausgestattet, die er sich im positivsten Sinne als Hans Dampf in allen Gassen in seinem Renn- und Berufsleben aufgebaut hat. Alle mögen Hans, alle schätzen Hans, alle freuen sich, Hans zu sehen, und ein Wiedersehen findet nie statt, ohne dass er eine neue Idee hat, ohne einen Vorschlag, wie man was machen sollte, und mit »sollte« meint Hans »müsste«, und »müsste« heißt vom Schwäbischen ins Deutsche übersetzt »muss«.

Deshalb »müsste« man auch mehr Formel-1-Rennen gewinnen mit dem Silberpfeil. Diesen dringenden Rat gab Hans mir mal am Ende der Saison 2004, die nicht gerade unsere siegreichste war. Er würde, so Hans, in der nächsten Saison auch gerne für jeden Sieg »a Kischdle Wei« (für Nichtschwaben: eine Kiste Wein) fürs Team spendieren. Wir folgten aufs Wort, denn »müsste« heißt ja schließlich »muss«. Nicht geläufig ist mir, wie Schwabe Hans Herrmann seine Idee zehn Kisten Wein später am Ende der Saison 2005 fand.

Der gute Tropfen hat immer noch einen Ehrenplatz im Motorsport-Keller, alle Flaschen sind noch da. Jetzt ist die beste Gelegenheit, mit Dir und all Deinen Motorsport-Freunden anzustoßen, lieber Hans. Herzlichen Glückwunsch zum 80. Geburtstag. Die bei zehn Kisten zur passenden Zahl fehlende Anzahl von Flaschen spendiere diesmal ich – macht knapp »dreiahalb Kischdle«.

Alles Gute
Dein

Norbert

Norbert Haug
Leiter Mercedes-Benz Motorsport

Hans Herrmann hat ein beneidenswertes Alter, im Vergleich zu meinen Jahren. Dazwischen liegt aus motorsportlicher Sicht mindestens eine Generation, und trotzdem gibt es viele Gemeinsamkeiten:

Die Begeisterung für den Automobilsport und alles, was dazugehört. Die Anerkennung meinerseits für den sehr erfolgreichen Rennfahrer Hans Herrmann und das Zusammentreffen mit ihm auch heute noch bei einschlägigen Veranstaltungen, die mit dem Automobilsport zu tum haben, auch als Mitglieder des Clubs der früheren internationalen Grand-Prix-Fahrer (Club International des anciens Pilotes de Grand Prix F 1) bis zu den Veranstaltungen unseres eigenen Verlagshauses, der Motor-Presse Stuttgart. Hans Herrmann ist immer ein gern gesehener Gast und kompetenter Gesprächspartner auf allen Ebenen. Ich schätze ihn sehr.

Herzlichen Glückwunsch zum Geburtstag!

Paul Pietsch
Verleger und Rennfahrer

Ich ging noch zur Schule, als Hans Herrmann 1954 im Mercedes-Grand-Prix-Team fuhr, mit Fangio und Kling zusammen. Aus den Büchern des Richard von Frankenberg wurde er mit zur Sagengestalt, eine Art Robin Hood der Rennbahnen. Ich mochte ihn, lange bevor ich ihn kennenlernte, obwohl es damals schwer war, sich ein Idol zu kreieren, denn es gab kein Fernsehen und keine CDs, was in den Zeitungen stand, war dürftig.

1958 sah ich ihn beim Flugplatzrennen in Wien-Aspern am Steuer eines Borgward-Rennsportwagens erstmals aus nächster Nähe. Ich lauerte auf ein Autogramm, aber ich kam nicht richtig an ihn ran, denn da war dieses wunderschöne Mädchen, das ihn schwer vereinnahmte. Was die Stromlinienform betraf, hatte der Borgward keine Chance gegen sie.

1959 durfte ich Hans erstmals die Hand drücken. Er war Chefinstruktor bei einem Fahrerlehrgang in der Nähe von Wien gewesen, ich war Teilnehmer mit dem VW meines Vaters. Der berühmte Hans Herrmann überreichte mir eine Teilnehmer-Plakette. Er war nett, sah einem in die Augen, kein oberflächlicher Mensch, dachte ich mir, und sein schwäbischer Tonfall hatte etwas kumpelhaftes. 1960 begann ich über Motorsport zu schreiben, natürlich verfolgte ich die Stationen meines Idols. Ich sah ihn am Gaisberg, im Formel-2-Porsche in Zeltweg, später als Abarth-Werkspilot beim Wiener Höhenstraßenrennen, und als ich 1967 mein erstes Buch »Die Angst bleibt an den Boxen« schrieb, kannte ich ihn schon näher. Bei der Targa Florio nahm er mich in seinem Rennsport-Abarth, aus dem noch der Pulverdampf seines vierten Ranges stieg, 30 Kilometer bis zu unserem Hotel in Cafalu mit.

Hans stand noch vom Rennen unter Strom und wir rasten über die sizilianische Küstenstraße, als wäre das Ferrari-Team in unserem Nacken. Ich hielt eine Tragetasche am Schoß, wo Overall und Sturzhelm drinnen waren. Die Landschaft flog vorbei, der Motor röhrte, Menschen am Straßenrand winkten uns zu.

Mich hat immer fasziniert, wie ein so gemütlich wirkender Mensch, den nichts aus der Ruhe brachte, sich im Minenfeld des Rennsports behaupten konnte.

In den Sechzigerjahren folgte ich den Spuren des Porsche-Werkteams, erlebte hautnah, wie Ferdinand Piëch und Helmut Bott den Klassensieger zum Gesamtsieger hochrüsteten. Und immer wieder war Hans Herrmann eine Zentralfigur: mit seiner Ruhe und Besonnenheit, mit seiner Gabe, das Material zu schonen.

Die Regennächte von Le Mans, in denen die Gesichter alterten, die Kurvenorgie der Targa, die erschöpfte Piloten aus den Cockpits taumeln ließ, die

Sprunghügel des Nürburgrings, die an den Chassis sägten, der Dreikampf Ford-Ferrari-Porsche lieferten den Stoff, der für den Reporter zum Festmahl wurde.

Vor einigen Jahren teilte ich mit Hans in der Kitzbüheler Alpenrallye das Cockpit jenes Porsche Spyder 550, mit dem er im November 1954 bei der Carrera Panamericana Mexico hinter den großen Ferrari-Boliden von Maglioli und Phil Hill Dritter geworden war. Und somit Sieger der Sportwagenklasse bis 1500 ccm.

Beim vernebelten Anstieg auf den Großglockner sah ich, fühlte ich, spürte ich, hörte ich, dass nur ein Mann, der diesen Spyder mitgeboren hat wie der Hans, mit dieser Donnerbüchse auf Du und Du sein kann.

Hans war wegen seines eleganten Fahrstils stets eine herausragende Erscheinung. Wenn er die giftigsten Biester auf den Rennstrecken zähmte, mit Haftung und Fliehkraft spielte, dann tat er es ohne Gewalt und Peitsche. Er hatte seine Fühler in den entferntesten Regionen des Autos, und so war er in einer Zeit, wo es keine Telemetrie gab, eine wertvolle Informationsquelle.

In den Langstreckenrennen hatte er im Porsche-Team den geringsten Benzinverbrauch, Bremsen- und Reifenverschleiß. Fast schläfrig, mit zurückgeneigtem Kopf saß er am Steuer. Bei der Vorbereitung seines Autos war er sehr penibel. Seine Sitzproben dauerten eine Ewigkeit. Er hielt das Spyder-Lenkrad lässig mit der Linken, die Rechte ruhte auf seinem Oberschenkel, wenn sie nicht gerade Gänge sortierte. Und er fuhr mit einem Feuer, als hätte er erst in der Vorwoche Le Mans 1970 gewonnen. Dabei lag das schon 21 Jahre zurück ...

Der Spyder klebte bemerkenswert gut auf der Straße, auch im Nassen, und der Hans hatte sich schon wenige Kilometer nach dem Start, als es stark regnete, mit der Rutschgrenze verbrüdert, die von Dunlop-Reifen markiert war. Auch Abbremsen ließ sich das edle Stück erstaunlich gut. Die 550 kg und eine Agilität, die sich auf 2,10 Meter Radstand und dem Mittelmotor stützt, waren schon immer das größte Spielkapital eines Spyder 550.

Die Glocknerstraße hinauf und wieder hinunter: Da ließ sich ahnen, wieso es möglich war, dass der Hans die Carrera und der Umberto Maglioli 1956 die Targa Florio mit so einem Porsche Spyder gewinnen konnten. Der Hans fuhr in einer Epoche Rennen, wo es keine Kohlefaser-Chassis gab und neben der Rennpiste Felswände, Bäume und Abgründe lauerten. Als er 1953 mit Rennfahren begann, war der Nürburgring ein schlecht asphaltierter Waldweg. Er fuhr durch die Menschenmauern der Mille Miglia, und seine ersten Tests mit dem heute legendären Porsche 917 versetzten ihn in die Pionierzeit der Fliegerei, wo jeder Start eine Gegenprobe für eine aerodynamische Bruchrechnung wurde.

Carlo Abarth hat einmal über Hans Herrmann gesagt: »Ich kenne keinen Rennfahrer, der mit so wenig Risiko so schnell Autofahren kann.«

Besser kann man den Hans nicht charakterisieren.

Helmut Zwickl
Journalist

Ich hatte das Vergnügen, die Erfolge und auch Enttäuschungen des Ausnahmefahrers Hans Herrmann bis hin zum kühl kalkulierenden Rennfahrer und Geschäftsmann miterleben zu können.

Unsere erste »Bekanntschaft« kam durch seinen damaligen Freund und Entdecker, Erwin Bauer, zustande. Obwohl wir aus verschiedenen Lebensbereichen zum Rennsport kamen, verstanden wir uns auf Anhieb sehr gut, und es blieb eine lange Freundschaft, bis zum heutigen Tag.

Nach einigen Motorsportveranstaltungen hatten wir Ende 1953 unseren ersten gemeinsamen internationalen Auftritt bei der Carrera Panamericana in Mexiko. Porsche hatte neben einigen privaten Porsche-Wagen zwei Werkswagen des Typs 550 Spyder, mit Stoßstangenmotor, am Start. Als Fahrer war kein geringerer als der Gesamtsieger von 1952, Karl Kling, und auf dem zweiten Wagen war Hans Herrmann vorgesehen.

Für große Trainingsfahrten war weder Zeit noch Geld vorhanden. Das Training beschränkte sich deshalb auf die Anfahrt zum Startort Tuxla Gulierrez.

Nachdem ich 1952 schon die Porsche-Wagen von Fürst Metternich und Graf Bergheim betreut hatte, waren mir Strecke und Veranstaltung nicht unbekannt. Wir beschlossen deshalb, dass ich ab Mexico City als Beifahrer bei Hans zusteigen sollte, um bei den folgenden schnellen Etappen zu assistieren und notfalls als Mechaniker tätig zu werden. Dazu kam es leider nicht, denn beide Wagen fielen schon vor Mexico City durch technische Defekte aus. Dieses erste gemeinsame Großereignis hat sicher auch dazu beigetragen, dass wir zusammen die Mille Miglia 1954 bestritten.

Hans wurde damals in Rennfahrerkreisen als begnadetes Glückskind betrachtet, dem die Erfolge (ohne eigenes Zutun) gerade so zuflogen – dass dies nicht so war, konnte ich beispielsweise beim Training zur Mille Miglia 1954 erleben. Hans hatte den Ehrgeiz und festen Willen, bei diesem Langstreckenrennen eine außergewöhnlich gute Leistung zu zeigen. Entsprechend konsequent wurde trainiert und ein Streckenprotokoll (Gebetbuch) angelegt. Bestimmte Streckenabschnitte wurden immer wieder angefahren und die Aufschriebe berichtigt, bis Hans glaubte, dass er die Strecke kenne und unsere Aufschriebe zu 100 Prozent stimmten.

Als wir eines Abends spät in das Hotel nach Brescia zurückkamen, saß der große Mercedes-Rennleiter, Alfred Neubauer, mit Fahrern und Presseleuten in der Empfangshalle und rief uns zu sich. Herr Neubauer stellte uns beide der versammelten Mannschaft als die fleißigsten Teilnehmer vor – für uns junge Spunde war dies eine unglaubliche Anerkennung. Das Ergebnis ist bekannt: Klassensieger und 6. Platz im Gesamtklassement, hinter dem Sieger Alberto Ascari, Lancia, und hinter zwei Ferrari- und zwei Maserati-Sportwagen.

Für mich bedeutete der Platz auf dem Beifahrersitz nicht nur eine riesige Beanspruchung, was die Streckenansage betraf (Bordfunk gab es damals noch keinen), sondern auch die Erkenntnis, was für ein begnadetes Fahrtalent Hans war. Sein Gefühl für den Wagen und die nachtwandlerische Sicherheit im Grenzbereich waren unglaublich. Wir nannten dies damals »einen guten Popometer«. Mit diesem beeindruckenden Erfolg hatte sich Hans nicht nur international einen Namen gemacht, sondern auch bei Mercedes-Benz erneut aufhorchen lassen, was sehr bald in seiner Rennkarriere sichtbar wurde.

Nachdem ich auch fahrerische Erfolge nachweisen konnte, gab es gemeinsame Erfolge im Porsche-Team und auch als Fahrermannschaft bei WM-Langstreckenrennen wie Targa Florio, 24 Stunden von Daytona, 24 Stunden Le Mans usw.

Als er seine Rennfahrerkarriere beendet und als Geschäftsmann aktiv wurde, tat er dies genauso zielstrebig und konsequent wie das Rennfahren.

Dazu muss man wissen, dass er unter Fahrerkollegen und im Team als »Nachtschwärmer« und »Langschläfer« bekannt war. Hierzu eine kleine Episode als Bestätigung: Von meinem Büro im Porsche-Entwicklungszentrum konnte ich einen großen Teil des Werkshofes und den Eingang zum Bürogebäude überblicken. Eines Morgens, es war so kurz nach 7.00 Uhr, sah ich Hans zielstrebig Richtung Bürogebäude marschieren. Ich traute meinen Augen nicht. Auf die außergewöhnliche Tageszeit angesprochen sagte mir Hans, dass er zu einer Besprechung betreffs Schneeketten gehe – nun wusste ich, dass er den endgültigen Schritt zum Geschäftsmann vollzogen hatte.

Lieber Hans, es gäbe vieles zu erzählen, Erfreuliches und Trauriges – lassen wir dieses Buch zu uns und über uns sprechen, freuen wir uns über die vielen gemeinsamen Erlebnisse und gedenken auch derer, die nicht mehr unter uns sind.

Herbert Linge
Porsche Werkleiter und Rennfahrer

HANS HERRMANN HEUTE
AN DER AMPEL: POLE POSITION

13

HANS HERRMANN TRITT AUFS GAS SEINES 12-ZYLINDER-BITURBO-MERCEDES UND ZEIGT AUF DIE TACHONADEL: »SCHAUEN SIE, SCHAUEN SIE, DAS HÖRT WIRKLICH NICHT MEHR AUF, UND DAS GEHT SO WEITER, BIS …«, ER WINKT AB. DIE TACHONADEL KLETTERT WEITER, NIMMT DIE MARKE VON 100 STUNDENKILOMETERN IM VORÜBERGEHEN, OHNE AUCH NUR ANSATZWEISE INNEZUHALTEN, UND BEWEGT SICH MIT UNVERMINDERTER GESCHWINDIGKEIT IMMER WEITER UND WEITER UND WEITER.

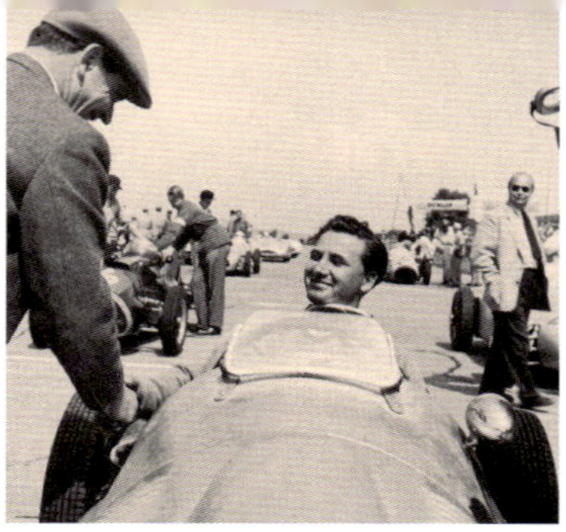

41

163

67
ABARTH

136

10

6

15

141

3

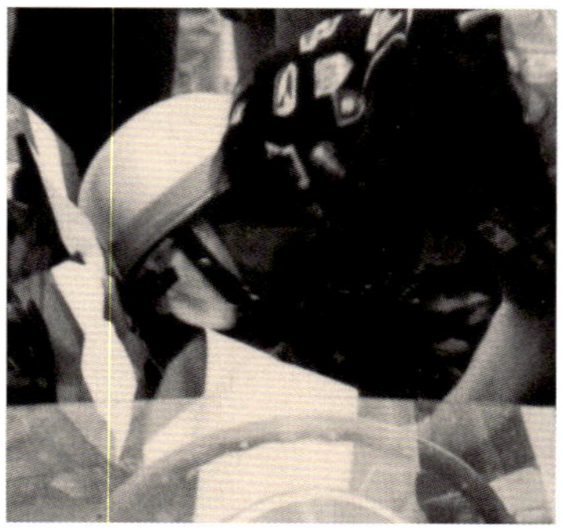

111

8
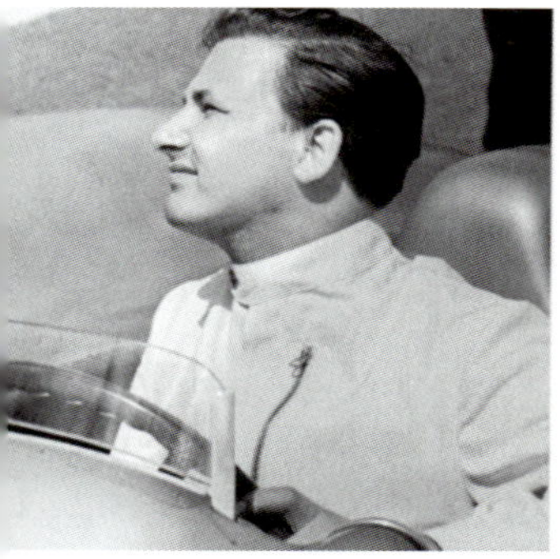

55

SHELL

42

70

55

Hans Herrmanns persönliche Erinnerungen:

»HIER IST DER PLATZ, WO ICH MICH MEIN LEBEN LANG AM WOHLSTEN GEFÜHLT HABE – AM LENKRAD.«

»Das hört nicht auf ...«

Hans Herrmann sitzt entspannt am Lenkrad und lächelt zufrieden. Kaum zu glauben, doch der Mann ist 80 Jahre alt. Andere in seinem Alter geben freiwillig den Führerschein ab. Der Ex-Rennfahrer Hans Herrmann dagegen erfreut sich an der Sportlichkeit seines Mercedes CL 600. »Der hat 800 Newtonmeter«, kommentiert er gelassen den scheinbar grenzenlosen Vorwärtsdrang seines Wagens. Nur wenige Sekunden allerdings kann er den Sprint genießen, dann muss er schon wieder den Fuß vom Gas nehmen. Ganz leicht, beinahe unmerklich, verfinstern sich seine Gesichtszüge für einen Wimpernschlag, es huscht ein kleiner Schatten über seinen sehr klaren, sehr wachen Blick. Er muss bremsen – und verliert die eben gewonnene Geschwindigkeit. Die Straße in der Nähe von Stuttgart wird wieder einspurig. Diejenigen Wagen, die ihn kurz vorher noch in seinem beschwingten Vorwärtskommen behindert hatten, die hat er überholt.

Das ist Hans Herrmann, wie er leibt und lebt. So ist er und so war er nun viele Jahrzehnte: Hinterm Lenkrad, im Cockpit eines schnellen Autos, da fühlt er sich wohl. Und obwohl er in seinem Leben als Rennfahrer etliche 100.000 Kilometer abgespult hat, fährt er auch in seinem 80. Lebensjahr immer noch mit voller Leidenschaft. Jeden Tag, selbst im Stuttgarter Stadtverkehr.

Was anderen Menschen in seinem Alter eine Last ist, ist ihm ein Vergnügen. Der Ex-Rennfahrer bewegt das Sportcoupé durch den dichten Verkehr, als wären die anderen Verkehrsteilnehmer nur deshalb auf der Straße, damit es Hans Herrmann nicht langweilig wird auf dem Weg zum nächsten Termin. Und er hat viele Termine: Der Kilometerstand des drei Jahre alten Autos liegt bei rund 130.000 Kilometern. Da vorne wird wieder eine Ampel rot – ein kurzer Tritt aufs Gaspedal, ein eleganter Spurwechsel – und Hans Herrmann steht mal wieder in der ersten Startreihe. Das Ganze klingt ein wenig nach Raserei, ist es aber nicht. Niemand wird behindert, niemand verdrängt, kein Gesetz missachtet. Die für den Beifahrer manchmal überraschenden Manöver sind längst vom Lenker vorgeplant und geprüft.

Eine seiner Eigenschaften, die ihn dahin gebracht hat, wo er heute ist: Hans Herrmann ist ein Meister der Vorbereitung. Da überlässt er nichts dem Zufall, geht akribisch vor. Vor wenigen Minuten in sei-

Ehren-Urkunde

Der Automobilclub
Maichingen e.V. im ADAC
ernennt

HERRN HANS HERRMANN

in Würdigung
großer sportlicher Erfolge
und seiner Verdienste
um die Förderung
des Motorsports zum

EHRENMITGLIED

Maichingen, den 23. Januar 1971

1. Vorsitzender 2. Vorsitzender Schatzmeister

von links nach rechts:
Das ist unsere Porsche-Herrenrunde: Peter Falk, Horst Marchart, Paul Hensler, Herbert Linge, Lars Schmidt, Valentin Schäffer, verdeckt dahinter Hans Metzger, Dr. Heinz Rabe, zu Gast Ferdinand Piëch, Harald Wagner, Hans Herrmann, Karl Bareis, Kurt Kahlig, Richard Vollmer, Gerhard Höfig, Hans Hönisch

nem Büro noch hat er nur deshalb mit seiner Gattin Magdalena telefoniert, um zu klären, ob die Person, die er gleich treffen will, auch bei diesem oder jenem Empfang eingeladen war und ob sie zugesagt hat. Die Information, die er von seiner Frau bekommt, wird Hans Herrmann ganz geschickt im Gespräch in einigen Minuten einsetzen. Das nennt man perfekt durchdachtes Beziehungsmanagement. Alles ist wichtig.

Apropos: Die junge Dame im Smart neben uns an der Ampel schaut nett lächelnd rüber. »Der ist ja gut unterwegs«, könnte sie denken. Wenn die wüsste ... Hans Hermann lächelt zurück. Die Ampel wird grün, und der Smart ist schnell im Rückspiegel verschwunden. Plötzlich aktiviert er während der Fahrt in der Stuttgarter Innenstadt das Navigationssystem. Wozu? »Keine Sorge«, sagt er, »ich kenne den Weg schon.« Ja eben. Wozu dann das Navi? Und überhaupt: In seiner Firma Hans Herrmann Autotechnik, in der er immer noch voll tätig ist, bedienen seine Mitarbeiter die modernen Geräte wie Computer. Er selbst beschränkt sich auf Telefon, Karteikarten, Stift und Papier. Das funktioniert. Seit 1971 tadellos. Warum nur sollte er sich ausgerechnet in seiner Paradedisziplin, dem Autofahren, an einem Ort, an dem er sich auskennt, von einem Computer unterstützen lassen? Hans Herrmann macht nur etwas, was er schon seit Jahren erfolgreich praktiziert: Er sammelt gezielt Informationen und wertet diese aus. »Aha, schauen Sie, der führt uns hier die Hauptstraße entlang, und das ist auch richtig.« Schon bei der nächsten Möglichkeit verlässt er die von der Navigation vorgeschlagene Route.

»Dieser Weg hier ist besser«, erläutert er ohne große Worte seine Entscheidung, das Navigationssystem nach nicht einmal 200 Metern nach der Routenberechnung zu ignorieren. Natürlich will Hans Herrmann nicht den Weg nehmen, den alle nehmen. Er will natürlich auch nicht im Stau stehen. Und er will natürlich schneller als die anderen sein – nicht nur am Start, sondern vor allem am Ziel. Und so entscheidet er sich für eine ganz einfache Option, die er auf der Rennstrecke nicht hatte: Er wählt einen anderen Weg.

Das Tempo, das seinen Lebensrhythmus im Alter von 80 Jahren bestimmt, ist nach wie vor sehr hoch. Sein Terminkalender ist regelrecht zugepflastert mit Verabredungen. Mercedes-Benz und Porsche präsentieren den Rennfahrer immer gerne auf Presseterminen.

10
Santander
vodafone
BOSS
Mobil 1
McLAREN
MERCEDES

Hans Herrmanns persönliche Erinnerungen:

»DAS WAR EIN SPASS MIT LEWIS HAMILTON AM BRANDENBURGER TOR IN BERLIN. HAMILTON IST FORMEL-1-PILOT BEI MCLAREN-MERCEDES. ICH HABE IHM DEN SILBERPFEIL ERKLÄRT, UND DANN IST ER LOSGEFHAREN. ICH HÄTTE WETTEN KÖNNEN, DASS ER MIT DEM UNSYNCHRONISIERTEN GETRIEBE ERST EINMAL EINE WEILE RUMSTOTTERT, ABER DER KERL HAT DAS SOFORT KAPIERT. EIN PHÄNOMEN – UND DARÜBER HINAUS EIN LIEBENSWERTER, FREUNDLICHER JUNGER MANN. SEHR SYMPATHISCH. DIE FAHRER WIE AUCH DIE FAHRZEUGE LIEGEN VOM BAUJAHR HER MEHR ALS 50 JAHRE AUSEINANDER.«

Nachdem die deutsche Automobilindustrie erkannt hat, dass man ohne Tradition keine Zukunft haben kann, ist Hans Herrmann ein wichtiger Transformator, um den Glanz der glorreichen Siegesfahrten vergangener Tage ins Heute zu übertragen. Erst 2007 traf er den Mercedes-Formel-1-Piloten Louis Hamilton in Berlin. Dort wurden die Silberpfeile zu PR-Zwecken auf einem kleinen Rundkurs um das Brandenburger Tor präsentiert. Zuerst drehte Hans Herrmann ein paar Runden, dann übergab er Louis Hamilton das Lenkrad und wies den jungen Rennfahrer ein, wie der W 196, der ja durchaus seine Eigenheiten hat, zu bedienen sei: »Ich war überrascht, wie gut der junge Mann den Wagen bewegte«, zeigt sich Hans Herrmann von dem Talent des jungen Kollegen begeistert. »Wissen Sie, wenn Sie beim W 196 einen Gang zurückschalten wollen, dann muss die Motordrehzahl stimmen, sonst bekommen sie den Gang nicht rein. Stichwort: Unsynchronisiertes Getriebe. Doch der Hamilton setzte sich da rein und drehte seine Runden, als hätte er nie was anderes gemacht.« Als Hamilton aussteigt, zollt ihm Herrmann seine Anerkennung. Und Hamilton gibt das Kompliment sofort zurück: »I can't believe, that he is 80 years old (Ich kann nicht glauben, dass er 80 Jahre alt ist)«, sagt er zu den Presseleuten und klopft dem Stuttgarter dabei freundschaftlich auf die Schulter. Tja, wer kann das schon glauben.

Das Geheimnis seines Erfolges, so alt zu werden? Es kann sein, dass Hans Herrmann dann antwortet: »Jeden Morgen 15 Minuten schwimmen und Knoblauch essen.« Doch um das Herrmannsche Tagesprogramm absolvieren zu können, dürfte das nicht ausreichend sein. Schnell, agil sein, andere Wege gehen als die anderen, das sind seine persönlichen Stärken, die dafür sorgen, dass er die Belastungen dieses nach wie vor rasanten Lebens nicht als Last, sondern als Lust empfindet und Spaß an den Dingen hat, die er tut. Und seien es nur Kleinigkeiten.

Hans Herrmann drückt beiläufig einen Knopf im Armaturenbrett seines CL. Er erhöht so die Bodenfreiheit seines Autos und stellt sicher, dass er in einem Parkhaus nicht mit der sportlichen Fahrwerksabstimmung aufsetzt. Dann fährt er in die Tiefgarage ein und schwärmt weiter von Hamilton: »Das ist ein echt netter Kerl. Und wissen Sie, wo der auftaucht, sind 100 Fotografen nicht weit.« Ein Gefühl, das Hans Herrmann

Hans Herrmanns persönliche Erinnerungen:

»VON LINKS: HERZOG, FRÜHER VERTRIEB MERCEDES-BENZ, ICH, KURT W. REINSCHILD JOURNALIST UND FRANZ BECKENBAUER«.

RECHTS: FERTIG ZUM VERLADEN: HANS HERRMAN UND DER STUTTGARTER OBERBÜRGERMEISTER WOLFGANG SCHUSTER.«

wohl vertraut ist. Es ging ihm sein ganzes Leben lang so. Selbst noch heute.

Es soll vielleicht ein wenig ruhiger werden im Leben des Hans Herrmann, doch so richtig überzeugt ist er von diesem Gedanken noch nicht. »Mir macht es nichts aus, einen 14- oder 16-Stunden-Tag zu haben. Das macht mir Freude, was soll ich denn auch sonst den ganzen Tag machen?« Sicher denkt er darüber nach, vielleicht in der Firma einen Gang zurückzuschalten, die Hans Herrmann Autotechnik GmbH vielleicht sogar zu veräußern. Vielleicht auch mal »Nein« zu sagen zu einem Angebot, und sei es noch so verlockend. Doch sogar noch heute, 38 Jahre nach dem Ende seiner Rennsportkarriere, haben die Fans ihn nicht vergessen. Im Gegenteil: Die Fanpost kommt teilweise immer noch kartonweise, meist verbunden mit der Bitte um eine Hans-Herrmann-Signatur auf alten Fotos, Karten, Modellautos oder sonstigem. Diesen Wünschen kommt Hans Herrmann gerne nach.

»Ziel erreicht«, könnte die freundliche Stimme des Navigationssystems nun die Ankunft bestätigen, doch Hans Herrmann hat die Zielführung längst abgestellt. Wir sind angekommen. Auf dem Weg zum Fahrstuhl überlegt er noch mal: »Mensch, wie hieß jetzt die Sekretärin? Das ist doch so wichtig. Richtig, Frau Siwek.« Wir sind beim Motorbuch-Verlag. »Produktionsbesprechung mit der Geschäftsführerin Dr. Patricia Scholten« steht in Hans Herrmanns Terminkalender. Der Empfang ist sehr herzlich. Wie alles im Leben des Rennfahrers, muss auch die Produktion seines neuen Buches ein wenig schneller vonstattengehen als gewöhnlich. Das ist nun mal die Geschwindigkeit, mit der Hans Herrmann schon immer durch sein Leben gefahren ist. Wir haben rund 23 Wochen Zeit.

Mit dem neuen Buch geht die Hans-Herrmann-Geschichte weiter. Es wird also so schnell nicht ruhiger werden. Nichts ist mit der Beschleunigung von 100 auf Null. Der mit 80 noch immer quirlige Schwabe steuert beschwingt in sein neues Lebensjahrzehnt. »Schauen Sie, das hört nicht auf, es geht so weiter«, hat er selbst noch vor wenigen Minuten gesagt. Das stimmt auch in einem größeren Zusammenhang, und daran ändert auch der Wechsel in eine neue Dekade nichts. Hans Herrmann weiß das – und er wusste das vermutlich schon, als er es sagte. »Es hört wirklich nicht mehr auf.«

80 Jahre
Hans Herrmann
SEBRING

Hans Herrmanns persönliche Erinnerungen:

»DAS WAR EIN RIESENAUFTRITT AUF DER CMT IN STUTTGART. DA WAREN EINIGE MEINER RENNAUTOS AUSGESTELLT. DAS HAT DIE LEUTE INTERESSIERT. MINISTERPRÄSIDENT GÜNTHER OETTINGER HABE ICH ÜBER EINE STUNDE LANG DIESE AUTOS ERKLÄRT.

UNTEN: NORBERT HAUG, SPORTCHEF BEI MERCEDES-BENZ, UND ICH, DA FACHSIMPELN WIR SCHON ÜBER DIE KOMMENDE FORMEL-1-SAISON.«

GLÜCK DARF MAN HABEN
GRUSSWORT HANS HERRMANN

14

MEIN GRÖSSTES GLÜCK WAR BEREITS 23 JAHRE ALT, ALS ES MIR AM 22. MAI 1960 AUF DEM NÜRBURGRING DAS ERSTE MAL BEGEGNET IST …

VEREHRTER LESER,

es ist einer ganzen Reihe von überaus glücklichen Umständen zu verdanken, dass Sie dieses Buch heute in Ihren Händen halten können. Es lag sehr viel Glück auf meinem mit 80 Jahren nun doch recht langen Lebensweg, und glauben Sie mir: Ich habe es aufgehoben, wo ich nur konnte.

Mein größtes Glück war bereits 23 Jahre alt, als es mir am 22. Mai 1960 auf dem Nürburgring das erste Mal begegnet ist – und es hat mich mein ganzes Leben lang nicht mehr verlassen: Ich spreche von meiner Frau Magdalena. Sie war immer eine stabile Konstante an meiner Seite, und ich habe es zu einem großen Teil ihrem kaufmännischen Wissen und ihrem aufopferungsvollen Engagement zu verdanken, dass der Aufbau unserer Firma, der Hans Herrmann Autotechnik GmbH, so erfolgreich verlaufen ist und wir auch nach meiner Karriere als Rennfahrer ein ausgefülltes, glückliches und zufriedenes Leben führen konnten. Was hätte ich bloß ohne sie gemacht? Ich bin aus vollem Herzen dankbar, dass Magdalena noch heute zu mir steht und wir gemeinsam auf unser Werk zurückblicken können.

Glück darf man haben – und das umso mehr, wenn es wie in meinem Fall auch durch viel Arbeit begünstigt wird. Jedweder Erfolg – und 80 Jahre alt zu werden, das allein werte ich schon als Erfolg – ist immer eine Teamleistung und nie eine Einzelleistung. Und so hatte ich auf meinem erfolgreichen Weg, den ich gemeinsam mit meiner starken Partnerin gegangen bin, auch sehr, sehr viele weitere Helfer, die mich unterstützt haben, die mir zur Seite gestanden sind, ganz nah bei mir im Rampenlicht und manchmal auch im Verborgenen. Manche davon waren und sind große Persönlichkeiten, andere haben mir lediglich die Reifen gewechselt oder Benzin nachgefüllt. All diesen Menschen danke ich von ganzem Herzen, denn jeder von ihnen war wichtig und hat seinen Anteil daran, dass ich heute zum 80. Mal meinen Geburtstag feiern kann. Nehmen Sie alle bitte meine zutiefst empfundene Dankbarkeit an, und freuen Sie sich mit mir an diesem Buch, mit dem wir nicht nur die vielen Helfer und Weggefährten ehren wollen, mit dem wir nicht nur Sie, geneigte Leser, informieren, sondern vor allem auch unterhalten wollen.

Bereits vor über zehn Jahren hat ein Mann mit einem unglaublichen Fleiß die Grundlage für dieses Buch geschaffen. Ausgestattet mit einer großen Portion Hartnäckigkeit, Geduld und Genauigkeit hat er bei mir zu Hause ein Archiv für mich eingerichtet; alte Bilder, alte Texte geordnet, mit eigenen Recherchen ergänzt und so übersichtlich zusammengestellt, dass ich schon seit nunmehr einem Jahrzehnt damit arbeiten kann. Dieser Mann ist Bernhard Völker, der diese mühevolle Aufgabe ohne Klagen ausgeführt hat. Dafür möchte ihm an dieser Stelle ganz herzlich danken.

Kurz vor meinem 80. Geburtstag habe ich dann Frank Wiesner kennengelernt, einen jungen Autor, der mir durch sein erstes Werk, die Biographie über meinen Freund Herbert Linge, aufgefallen war. Der junge Mann hat dieses hier vorliegende Buch in einem Zeitraum von nur rund 23 Wochen in Zusammenarbeit mit dem Motorbuchverlag und dem Designer Wolfgang Seidl realisiert. Diese Entstehungszeit ist für ein Buch sehr kurz, und ich betrachte es als außergewöhnliches Geburtstagsgeschenk von der Verlegerin Dr. Patricia Scholten, dass ich zu meinem Festtage diese spannende Retrospektive meines Lebenswerkes in den Händen halten darf. Danke Ihnen und Ihren Teams.

Und wenn ich selbst auf dieses Lebenswerk als Rennfahrer und Unternehmer zurückblicke, dann fällt mir dabei eines ganz besonders auf: Es ist für meine Generation und für Menschen mit meinem Beruf nicht selbstverständlich, so alt zu werden und dabei so gesund zu bleiben. Viele befreundete Rennfahrer sind im wahrsten Sinne des Wortes auf der Strecke geblieben und bei den Rennen gestorben. Es ist fast ein Wunder, dass mir 19 Jahre lang nichts tödliches passiert ist. Zuvor – also vor meiner Rennkarriere – tobte der Zweite Weltkrieg, in dem auch einige meiner Freunde das Leben ließen, andere wurden schwer verletzt und nie wieder gesund.

So bin ich sehr dankbar, dass ich dieses herrliche Jubiläum, diesen 80 Geburtstag feiern kann und dabei – bitte verzeihen Sie die saloppe Ausdrucksweise – auch noch quietschfidel bin. Liebe Leser: Menschen, die außergewöhnliche Erfolge feiern können, werden nicht nur geboren, sondern eben auch unterstützt. Für diese enorme Unterstützung über die vielen Jahre hinweg, die ich bekommen habe, bin ich sehr, sehr dankbar.

Und nun ist es an der Zeit für mich, tatsächlich einen Gang zurückzuschalten und ein wenig langsamer zu tun, meinen Terminkalender auszumisten und ein wenig mehr Privatmann zu sein. Ob mir dieses gelingt, wird sich noch zeigen, vielleicht hilft es, wenn ich dieses Buch zur Hand nehme und weiß, dass auch Sie dieses Buch in Ihren Händen halten und gemeinsam zurückblicken mit mir. Es war eine tolle Zeit, und egal, ob Sie, liebe Leser, in kleinen Appetithappen stückchenweise lesen oder ob Sie das Buch als große Portion in einem Gang verschlingen – ich wünsche Ihnen viel Vergnügen und eine kurzweilige Unterhaltung mit dieser Lektüre.

Ihr

Hans Herrmann

Maichingen bei Stuttgart, am 23. Februar 2008

HANS HERRMANNS RENNERGEBNISSE
DIE MOTORSPORTLEGENDE IN TABELLENFORM

15

Renndatum	Rennstrecke	Start-Nr.	Fahrzeug	Plazierung	Gesamtsieger
1952					
09./10.02.	Winterfahrt Hessen	235	Porsche 356, 1500	? / G. Gräter	
23.-28.04.	ADAC-Deutschlandfahrt	313	Porsche 1500	Kl.sieger/ G. Gräter	
03.-08.06.	Rallye Travemünde	14	Porsche 1500	6. Platz / E. Bauer	
03.08.	GP Deutschland, Nürburgring	79	Porsche 1500	ausgef.	(Nathan, Porsche)
18.-19.10.	Rheinlandfahrt	4	Porsche 1500	Kl.sieger	
1953	Deutscher Meister Rennsportwagen bis 1500 ccm				
07./08.02.	Winterfahrt Hessen	299	Porsche 1500	Silbermed./ E. Bauer	
19.-22.03.	Rallye Lyon-Charbonnières	134	Porsche 1500	3. Kl., 5. Ges./ R.v.Frankenberg	
26.04.	Mille Miglia	438	Porsche 1500 S	1. Kl., 30. Ges./ E. Bauer	(Marzotto/Crosara, Ferrari)
31.05.	Eifel-Rennen	126	Porsche 1500 S	1. Platz	
	Eifel-Rennen	31	Veritas F 2	nicht gestartet	(de Graffenried, Maserati)
13./14.06	24 Stunden Le Mans	44	Porsche 550 Sport	1. Kl.(ex a.), 15.Ges./ H. Glöckler	(Rolt/Hamilton, Jaguar)
12.07.	Avus-Rennen	132	Porsche 550	2. Platz	(Klenk, Borgward)
	Avus-Rennen	21	Veritas F 2	4. Platz	(Swaters, Ferrari)
02.08.	GP Deutschland, Nürburgring	132	Porsche 550	1. Platz	
	GP Deutschland, Nürburgring	32	Veritas F 2	9. Platz	(Farina, Ferrari)
09.08.	Schauinsland	141	Porsche 550	1. Klasse	
	Schauinsland	31	Veritas F 2	6. Platz	(de Graffenried, Maserati)
30.08.	1000 km Nürburgring	21	Maserati 2 L	ausgef./ J. McAfee	(Ascari/Farina, Ferrari)
19.-23.11.	Carrera Panamericana, Mexiko	160	Porsche 550	ausgef.	(Fangio, Lancia)
1954	Deutscher Meister Rennsportwagen bis 1500 ccm				
02.05.	Mille Miglia	351	Porsche 550 Spyder	1. Kl., 6. Ges./ H.Linge	(Ascari, Lancia)
23.05.	Eifel-Rennen	64	Porsche 550	ausgef.	(Bechem, Borgward)
12./13.06.	24 Stunden Le Mans	41	Porsche 550	ausgef./ H. Polensky	(Gonzalez/Trintignant, Ferrari)
04.07.	GP Frankreich, Reims	22	Mercedes F 1	ausgef.; schnellste Runde	(Fangio, Mercedes)
17.07.	GP England, Silverstone	33	Porsche 550	3. Kl., 3. Ges.	(Chapman, Lotus)
01.08.	GP Deutschland, Nürburgring	48	Porsche 550	1. Platz	
	GP Deutschland (Europa), Nürburgring	20	Mercedes F1	ausgef.	(Fangio, Mercedes)
22.08.	GP Schweiz, Bern	6	Mercedes F1	3. Platz	(Fangio, Mercedes)
05.09.	GP Italien, Monza	12	Mercedes F1	4. Platz	(Fangio, Mercedes)
19.09.	GP Berlin, Avus	36	Porsche 550	2. Platz	(v. Frankenberg, Porsche)
	GP Berlin, Avus	6	Mercedes F 1	3. Platz	(Kling, Mercedes)
24.10.	GP Spanien, Barcelona	6	Mercedes F 1	ausgef.	(Hawthorn, Ferrari)
19.-23.11	Carrera Panamericana, Mexiko	55	Porsche 550	1. Kl., 3. Ges.	(Maglioli, Ferrari)
1955					
16.01.	GP Argentinien, Buenos Aires	8	Mercedes F 1	4. Platz / K.Kling, S.Moss	(Fangio, Mercedes)
30.01.	GP Buenos Aires	8	Mercedes 2,5 L	ausgef.	(Fangio, Mercedes)
01.05.	Mille Miglia	704	Mercedes 300 SLR	ausgef. / H. Eger	(Moss/Jenkinson, Mercedes)
21.05.	GP Monaco	4	Mercedes F 1	Unfall im Training	(Trintignant, Ferrari)
16.10.	Targa Florio		Mercedes 300 SLR	nur Training	(Moss/Collins, Mercedes)

Hans Herrmanns persönliche Erinnerungen:

»DAS WAR EINER MEINER ERSTEN SIEGE AM NÜRBURGRING. SIE SEHEN, WIR HATTEN NOCH KEINE RENNOVERALLS UND ICH BIN GANZ NORMAL GEKLEIDET. DAS WAR DER KLASSENSIEG BEIM EIFELRENNEN 1953, MEIN LETZTES RENNEN IM PRIVATEN PORSCHE. DANACH WAR ICH WERKSFAHRER.«

RENNDATUM	RENNSTRECKE	START-NR.	FAHRZEUG	PLATZIERUNG	GESAMTSIEGER
1956	**Deutscher Meister Rennsportwagen bis 1500 ccm**				
25.03.	12 Stunden Sebring	41	Porsche 550	1. Kl., 6. Ges./ W.v.Trips	(Fangio/Castellotti, Ferrari)
29.04.	Mille Miglia	419	Porsche RS	ausgef./ W. Enz	(Castellotti, Ferrari)
27.05.	1000 km Nürburgring	20	Porsche RS	2. Kl., 6. Ges. / R.v.Frankenberg	(Moss/Behra/Taruffi/Schell, Maserati)
10.06.	Targa Florio	110	Ferrari 3,5 L	2. Kl., 3. Ges./ O. Gendebien	(Maglioli, Porsche)
23.06.	1000 km Monza	-	Ferrari 2 L	nur Training	(Collins/Hawthorn, Ferrari)
22.07.	Solitude-Rennen	10	Porsche RS	1. Platz	(Hans Herrmann)
28./29.07.	24 Stunden Le Mans	24	Porsche RS	ausgef./ U. Maglioli	(Sanderson/Flockhart, Jaguar)
05.08.	GP Deutschland	51	Porsche RS	1. Platz	(Hans Herrmann)
12.08.	GP Schweden, Kristianstad	44	Porsche Spyder	5. Kl., 13.Ges./ G. Kaiser	(Hill/Trintignant, Ferrari)
26.08.	5 Stunden Messina		Porsche RS	ausgef.	(Hill, Ferrari)
16.09.	Avus-Rennen	7	Porsche RS	2. Platz	(v. Trips, Porsche)
1957	**2. Platz Europameisterschaft am Berg**				
24.02.	GP Kuba, Havanna	-	Maserati 3 L Sp.	nicht gestartet (Streik)	(Fangio, Maserati)
23./24.03.	12 Stunden Sebring	41	Porsche RS	ausgef. / J. McAfee	(Fangio/Behra, Maserati)
07.04.	GP Syrakus	34	Maserati 250 F 1	ausgef.	(Collins, Ferrari)
12.05.	Mille Miglia	533	Maserati 3,5 L Sp.	ausgef.	(Taruffi, Ferrari)
19.05.	GP Monaco	-	Maserati 250 F 1	nur Training	(Fangio, Maserati)
26.05.	1000 km Nürburgring	2	Maserati 4,5 L Sp.	ausgef. / H. Schell	
		3	Maserati 3 L Sp.	ausgef. / G. Scarlatti	(Brooks/Cunningh., Aston Martin)
22./23.06.	24 Stunden Le Mans	33	Porsche RS	ausgef./ R.v.Frankenberg	(Flockhart/Bueb, Jaguar)
28.07.	Schauinsland	60	Borgward RS	3. Kl., 3. Ges.	(Barth, Porsche)
04.08.	GP Deutschland, Nürburgring	17	Maserati 250 F 1	ausgef.	(Fangio, Maserati)
15.08.	Gaisberg (A)	18	Borgward RS	1. Kl., 2. Ges.	(Daetwyler, Maserati)
25.08.	Lenzerheide (CH)	137	Borgward RS	1. Kl., 4. Ges.	(v. Trips, Porsche)
01.09.	Aosta - San Bernardo (I)	134	Borgward RS	1. Kl., 3. Ges.	(Daetwyler, Maserati)
29.09.	Mont Parnès (GR)	2	Borgward RS	2. Kl., 2. Ges.	(v. Trips, Porsche)
1958	**3. Platz Europameisterschaft am Berg**				
04.05.	Mont Parnès (GR)	4	Borgward RS	2. Platz	(v. Trips, Porsche)
15.05.	Aspern (A)	20	Borgward RS	1. Platz	(Hans Herrmann)
01.06.	1000 km Nürburgring	23	Borgward RS	ausgef./ J. Bonnier	
		24	Borgward RS	ausgef./ H.Schulze / F.Jüttner	
		34	Borgward RS	ausgef./E. Mahle/G. Cabianca (Moss/Brabham, Aston Martin)	
21./22.06.	24 Stunden Le Mans	29	Porsche RS 1,6 L	1. Kl., 3. Ges. / J. Behra	(Gendebien/Hill, Ferrari)
29.06.	Mont Ventoux (F)	31	Borgward RS	4. Platz	(Behra, Porsche)
13.07.	Trento - Bondone (I)	338	Borgward RS	2. Platz	(v. Trips, Porsche)
27.07.	Schauinsland	14	Borgward RS	3. Platz	(Bonnier, Borgward)
03.08.	GP Deutschland, Nürburgring	34	Borgward RS	4. Platz	(Behra, Porsche)
	GP Deutschland, Nürburgring	17	Maserati 250 F 1	ausgef.	(Brooks, Vanwall)
15.08.	Gaisberg (A)	109	Borgward RS	3. Platz	(v. Trips, Porsche)
31.08.	Ollon-Villars (CH)	128	Borgward RS	Pr.d.Schweiz: 4. Platz	(Behra, Porsche) Eur.Bergm.: 8. Platz (Barth, Porsche)
07.09.	GP Italien, Monza	24	Maserati 250 F 1	ausgef.	(Brooks, Vanwall)
21.09.	Avus-Rennen	-	Borgward RS	nicht gest. (Operation)	(Behra, Porsche)
19.10.	GP Marokko, Casablanca	24	Maserati 250 F 1	9. Platz	(Moss, Vanwall)

Hans Herrmanns persönliche Erinnerungen:

»DAS IST DIE SIEGREICHE MANNSCHAFT VON MERCEDES-BENZ NACH DEM TRIUMPH BEI DER GRAN PREMIO IN ARGENTINIEN 1961.«

RENNDATUM	RENNSTRECKE	START-NR.	FAHRZEUG	PLATZIERUNG	GESAMTSIEGER

1959

24.05.	Targa Florio	136	Porsche RSK 1,6 L	ausgef./ U. Maglioli	(Barth/Seidel, Porsche)
07.06.	1000 km Nürburgring	15	Porsche RSK 1,6 L	1. Kl., 4. Ges. / U.Maglioli)	(Moss/Fairman, Aston Martin)
20./21.06.	24 Stunden Le Mans	32	Porsche RSK 1,6 L	ausgef. / U. Maglioli	(Salvadori/Shelby, Aston Martin)
05.07.	GP Frankreich (Europa), Reims	42	Maserati 250 F 1	10. Platz / de Beaufort	(Brooks, Ferrari)
05.07.	Coupe intern. de vitesse Reims	46	Porsche-Behra F 2	2. Platz	(Moss, Cooper-Borgward)
12.07.	GP Rouen	8	Porsche-Behra F 2	ausgef.	(Moss, Cooper-Borgward)
18.07.	GP England, Aintree	24	Cooper-Maserati F 1	ausgef.	(Brabham, Cooper)
02.08.	GP Deutschland, Avus	11	BRM F 1	(Unfall)	(Brooks, Ferrari)
30.08.	Klosters - Davos (CH)	134	Porsche RSK 1,5 L	1. Kl., 1. Ges.	(Hans Herrmann)
05.09.	Tourist Trophy, Goodwood	24	Porsche RSK 1,6 L	Unfall von C. .Bristow	(Shelby/Fairman/Moss, Aston M)

1960

31.01.	1000 km Buenos Aires	34	Porsche RSK 1,6 L	4. Kl., 7. Ges./ M. Trintignant	(Hill/Allison, Ferrari)
26.03.	12 Stunden Sebring	42	Porsche RS 60 1,6 L	1. Kl., 1. Ges./ O. Gendebien	(Hans Herrmann)
08.05.	Targa Florio	184	Porsche RS 60 1,7 L	1. Kl., 1. Ges./ J. Bonnier	(Hans Herrmann)
		176	Porsche RS 60	2. Kl., 3. Ges./ O. Gendebien	
22.05.	1000 km Nürburgring	23	Porsche RS 60	2. Kl., 4. Ges./ M. Trintignant	(Moss/Gurney, Maserati)
05.06.	GP des Frontières, Chimay	12	Porsche-Behra F 2	ausgef.	(Lewis, Cooper)
25./26.06.	24 Stunden Le Mans	34	Porsche RS 60	ausgef./ M. Trintignant	(Frère/Gendebien, Ferrari)
24.07.	Solitude-Rennen	5	Porsche F 2	2. Platz	(v. Trips, Ferrari)
31.07.	GP Deutschland, Nürburgring (Südschleife)	14	Porsche F 2	5. Platz	(Bonnier, Porsche)
28.08.	Ollon - Villars (CH)	33	Cooper-Climax F 2	3. Platz	(Barth, Porsche)
04.09.	GP Italien (Europa), Monza 26	Porsche F 2	2. Kl., 6. Ges.	(Hill, Ferrari)	
18.09.	GP Zeltweg	3	Porsche F 2	2. Platz	(Moss, Porsche)
02.10.	GP Modena	28	Porsche F 2	4. Platz	(Bonnier, Porsche)
08.10.	GP Tirol, Innsbruck	163	Porsche F 2	1. Platz	(Hans Herrmann)
16.10.	Bergrennen Schorndorf	151	Porsche RS 60	1. Kl., 1. Ges.	(Hans Herrmann)

1961

25.03.	12 Stunden Sebring	50	Porsche RS 61 1,7 L	ausgef./ E. Barth	(Hill/Gendebien, Ferrari)
30.04.	Targa Florio	132	Porsche RS 61	2. Kl., 3. Ges. / E. Barth	(v. Trips/Gendebien, Ferrari)
14.05.	GP Monaco	6	Porsche F 1 1,5 L	9. Platz	(Moss, Lotus)
22.05.	GP Niederlande, Zandvoort	9	Porsche F 1	15. Platz	(v. Trips, Ferrari)
28.05.	1000 km Nürburgring	23	Porsche RS 61	ausgef. / E. Barth	(Gregory/Casner, Maserati)
10./11.06.	24 Stunden Le Mans	32	Porsche RS 61	2. Kl., 7. Ges. / E. Barth	(Gendebien/Hill, Ferrari)
23.07.	Solitude-Rennen	10	Porsche F 1	6. Platz	(Ireland, Lotus)
06.08.	GP Deutschland, Nürburgring (Europa)	11	Porsche F 1	13. Platz	(Moss, Lotus)
20.-29.10.	Gran Premio Argentina	527	Mercedes 220 SE	2. Kl., 2. Ges./ R. Günzler	(Schock/Schiek, Mercedes)

Hans Herrmanns persönliche Erinnerungen:

»DAMALS IN DEN 50ER JAHREN WAREN DIE SIEGEREHRUNGEN NOCH SEHR STILVOLL. IM MOMENT WIRD DIE NATIONALHYMNE GESPIELT. DIE MILITÄRS IM VORDERGRUND SALUTIEREN. DIREKT DANEBEN IN DER BILDMITTE MIT DEM RÜCKEN ZUR KAMERA STEHT ÜBRIGENS ALFRED NEUBAUER, DER MERCEDES-RENNLEITER IN DEN 50ERN. DER HAT MICH BEOBACHTET. ER WOLLTE WISSEN, WIE VERHÄLT SICH DER JUNGE.«

Renndatum	Rennstrecke	Start-Nr.	Fahrzeug	Platzierung	Gesamtsieger
1962					
06.05.	Targa Florio	42	Porsche Carr. Ab.GT	1.Kl., 6. Ges. / H. Linge	(Mairesse/Gendebien, Ferrari)
13.05.	Avus-Rennen	30	Abarth 1000 GT	ausgef.	(Jenny, Abarth)
20.05.	Montlhéry		Abarth 1000 GT	ausgef.	
27.05.	1000 km Nürburgring	111	Porsche RS 2 L	1. Kl., 3. Ges. / G. Hill	(Gendebien/Hill, Ferrari)
23./24.06.	24 Stunden Le Mans	34	Porsche Carr. Ab. GT	1. Kl., 7. Ges./ E. Barth	(Gendebien/Hill, Ferrari)
15.07.	Clermont - Ferrand (F)		Abarth Simca 1300	2. Kl., 13. Ges.	(Abate, Ferrari)
22.07.	Schauinsland	85	Abarth Simca 1300	1. Klasse	
05.08.	GP Deutschland, Nürburgring		Abarth 1000 GT	ausgef.	
02.09.	500 km Nürburgring	85	Abarth 1000 GT	ausgef.	(Mahle, Abarth)
07.10.	GP Tirol, Innsbruck		Abarth 1000 GT	1. Kl., 4. Ges.	(v. Csazy, Ferrari)
		59	Abarth Simca 1500	1. Kl., 2. Ges.	(Vögele, Lotus)
21.10.	1000 km Paris, Montlhéry	33	Abarth Simca 1300	1. Kl., 9. Ges./ M. Bianchi	(Ric./Pedr.Rodriguez, Ferrari)
1963					
17.02.	3 Stunden Daytona	70	Abarth Simca 1300	1. Kl., 9. Ges.	(Rodriguez, Ferrari)
22.03.	3 Stunden Sebring	18	Abarth 1000 GT	1. Kl., 1. Ges.	(Hans Herrmann)
23.03.	12 Stunden Sebring	60	Abarth Simca 1300	1. Kl., 21. Ges./ T. Spychiger	(Surtees/Scarfiotti, Ferrari)
19.05.	1000 km Nürburgring	3	Abarth Simca 1300	ausgef./ L. Bianchi	(Surtees/Mairesse, Ferrari)
26.05.	Raticosa-Bergrennen (I)	412	Abarth 2000 Sp.	1. Kl., 1. Ges.	(Hans Herrmann)
02.06.	Consuma-Bergrennen (I)		Abarth 2000 Sp.	2. Kl., 2. Ges.	(Lualdi, Ferrari)
09.06.	Roßfeld - Bergrennen	40	Abarth Simca 1300	2. Kl., 4. Ges.	(Barth, Porsche)
		19	Abarth 2000 Sp.	4. Kl., 27. Ges.	(Greger, Porsche)
13.06.	Aspern (A)		Abarth 1000 TC	1. Platz	
			Abarth 1000 GT	1. Platz	
		65	Abarth 2000 Sp.	1. Platz	(Hans Herrmann)
23.06.	Mont Ventoux (F)	174	Abarth 1000 GT	1. Klasse	(Walter, Porsche)
07.07.	Clermont-Ferrand (F)	23	Abarth Simca 1300	8. Klasse	
14.07.	Trento - Bondone (I)	466	Abarth 2000 Sp.	2. Kl., 2. Ges.	(Barth, Porsche)
21.07.	Norisring-Rennen	70	Abarth Simca 1300	1. Klasse	(Lindner, Jaguar)
28.07.	Solitude-Rennen	21	Abarth Simca 1300	ausgef.	(Pilette, Abarth)
11.08.	Schauinsland	67	Abarth 2000 Sp.	2. Kl., 2. Ges.	(Barth, Porsche)
25.08.	Ollon - Villars (CH)	153	Abarth 2000 Sp.	2. Kl., 3. Ges.	(Barth, Porsche)
01.09.	500 km Nürburgring	90	Abarth 1000 Pr.	ausgef.	
		82	Abarth 850 Pr.	1. Kl., 1. Ges./ T. Pilette	(Hans Herrmann)
08.09.	Gaisberg (A)	117	Abarth 2000 Sp.	2. Kl., 2. Ges.	(Barth, Porsche)
15.09.	Timmelsjoch-Bergrennen (A)		Abarth 2000 Sp.	1. Kl., 1. Ges.	(Hans Herrmann)
	GP Tirol, Innsbruck		Abarth 1000 TC	1. Klasse	
1964					
12.04.	Aspern (A)	51	Abarth 2000 Sp.	1. Kl., 3. Ges.	(Mahle, Abarth)
		11	Abarth 1 L F 2	ausgef.	(Attwood, Lola)
26.04.	Targa Florio		Abarth 2000 GT	ausgef./F. Patria	(Pucci/Davis, Porsche)
03.05.	3 Stunden Monza		Abarth Simca 1300	2. Platz	(Patria, Abarth)
17.05.	500 km Spa		Abarth 2000 GT	ausgef.	(Parkes, Ferrari)
4.05.	Avus-Rennen	11	Abarth 1 L F 2	ausgef.	(Hegbourne, Cooper)

Hans Herrmanns persönliche Erinnerungen:

»DAS IST IN DEN USA, WOLFGANG BERGHE VON TRIPS UND ICH. DA BIN ICH GEMEINSAM MIT IHM IM PORSCHE 550 DIE 12 STUNDEN VON SEBRING GEFAHREN. WIR WAREN KLASSENSIEGER. VON TRIPS WAR EIN SEHR ENGAGIERTER FAHRER, ANGENEHMER TEAMKOLLEGE UND EINER UNSERER BESTEN.«

Renndatum	Rennstrecke	Start-Nr.	Fahrzeug	Platzierung	Gesamtsieger
31.05.	1000 km Nürburgring	8	Abarth Simca 1300	1. Kl., 16. Ges./F.Jüttner	(Scarfiotti/Vaccarella, Ferrari)
06.06.	6 Stunden Brands Hatch		Merceces 300 SE	2. Kl., 4. Ges./P. Lang	(Whitmore/Procter, Lotus)
14.06.	Mainz - Finthen		Abarth 1000 TC	2. Kl.	
			Abarth 2000 GT	ausgef.	(Patria, Abarth)
21.06.	6 Stunden Nürburgring		Abarth 1000 TC	ausgef./F. Jüttner	(Böhringer/Glemser, Mercedes)
28.06.	Avus-Rennen		Abarth 2000 GT	1. Kl., 1. Ges.	
12.07.	Trento - Bondone (I)	80	Abarth 2000 GT	1. Kl., 2. Ges.	(Barth, Porsche)
19.07.	Triest - Opicana (I)	436	Abarth 2000 GT	2. Kl., 2. Ges.	(Patria, Abarth)
26.07.	Cesana - Sestrière (I)		Abarth 2000 GT	3. Kl., 6. Ges.	
		582	Abarth 2000 Sp.	ausgef.	(Barth, Porsche)
02.08.	Bergrennen Innsbruck		Abarth 2000 GT	2. Kl., 2 Ges.	
		24	Abarth 2000 Sp.	1. Kl., 3. Ges.	(Patria, Abarth)
09.08.	Schauinsland	45	Abarth 2000 GT	3. Kl., 6. Ges.	(Barth, Porsche)
16.08.	Enna	26	Abarth 2000 GT	1. Kl., 1. Ges.	(Hans Herrmann)
30.08.	Sierre - Montana (CH)	141	Abarth 2000 GT	2. Kl., 4. Ges.	(Müller, Porsche)
06.09.	500 km Nürburgring	130	Abarth 1300 Prot.	1. Kl., 1. Ges.	(Hans Herrmann)
13.09.	Timmelsjoch-Bergrennen (A)		Abarth 2000 Sp.	2. Kl., 2. Ges.	(Fischhaber, Lotus)
20.09.	Coupe de Paris, Montlhéry	28	Abarth 1000 TC	1. Kl., 1. Ges.	(Hans Herrmann)
		10	Abarth 2000 GT.	2. Kl., 2. Ges.	
04.10.	Coupe du Salon, Montlhéry		Abarth 1000 TC Abarth 2000 GT	1. Kl., 1. Ges. 2. Kl., 2. Ges.	(Hans Herrmann)
28.10.-07.11.	Gran Premio Argentina	607	Mercedes 300 SE	disqualif./ M. Schiek	(Böhringer/Kaiser, Mercedes)

1965

19.03.	4 Stunden Monza	32	Abarth 1000 TC	ausgef.	(Demetz, Abarth)
11.04.	Aspern (A)	66	Abarth 2000 GT	2. Kl., 2. Ges.	(Rindt, Abarth)
			Abarth 2000 Sp.	1. Kl., 3. Ges.	(Vögele, McLaren)
25.04.	Coppa Intereuropa, Monza	16	Abarth Simca 1300	ausgef.	(Steinmetz, Abarth)
09.05.	Targa Florio	152	Abarth 1600 OT	1. Kl., 6. Ges./L. Cella	(Vaccarella/Bandini, Ferrari)
23.05.	1000 km Nürburgring	25	Abarth 2000 OT	ausgef./K. Ahrens	(Surtees/Scarfiotti, Ferrari)
30.05.	Raticosa-Bergrennen (I)	370	Abarth 2000 OT	1. Kl., 1. Ges.	(Hans Herrmann)
06.06.	Mont Ventoux (F)	43	Abarth 2000 OT	1. Kl., 1. Ges.	(Hans Herrmann)
13.06.	Roßfeld-Bergrennen		Abarth 2000 OT	3. Kl., 4. Ges.	(Mitter, Porsche)
04.07.	Norisring-Rennen		Abarth 2000 GT	2. Kl., 2. Ges.	(Klass, Porsche)
		1	Abarth 2000 OT	ausgef.	(Mitter, Porsche)
11.07.	Trento - Bondone (I)	54	Abarth 2000 OT	2. Kl., 2. Ges.	(Scarfiotti, Ferrari)
18.07.	Solitude-Rennen	4	Lotus-BRM 1 L F 2	9. Platz	(Amon, Lola)
25.07.	Cesana - Sestrière (I)	478	Abarth 2000 OT	3. Kl., 3. Ges.	(Scarfiotti, Ferrari)
01.08.	Bergrennen Insbruck		Abarth 1000 TC	1. Kl.	(Weber, Porsche)
08.08.	Schauinsland	58	Abarth 2000 OT	nicht gestartet	(Scarfiotti, Ferrari)
29.08.	Ollon - Villars (CH)	166	Abarth 1600 Sp.	6. Kl.	(Scarfiotti, Ferrari)
05.09.	500 km Nürburgring	10	Abarth 1300 OT	4. Kl., 5. Ges.	(Bianchi/Bianchi, Alpine)
19.09.	Aosta - Pila	342	Abarth 2000 OT	1. Kl., 1. Ges.	(Hans Herrmann)
03.10.	Wiener Höhenstraßenrennen		Abarth 1000 TC	1. Kl.	(Hans Herrmann)
		108	Abarth 2000 OT	1. Kl., 1. Ges.	(Hans Herrmann)
10.10.	Pr.v.Tirol, Innsbruck		Abarth 1600 Sp.	ausgef.	(Rindt, Abarth)
17.10.	Aspern (A)	14	Abarth 2000 OT	2. Platz	(Rindt, Abarth)

Hans Herrmanns persönliche Erinnerungen:

»1953, GROSSER PREIS VON DEUTSCHLAND, NÜRBURGRING, PORSCHE 550. DAS IST GENAU DER MOMENT, BEI DEM ICH DAS RENNEN GEWINNE. WUNDERSCHÖN.«

Renndatum	Rennstrecke	Start-Nr.	Fahrzeug	Platzierung	Gesamtsieger

1966

05./06.02.	24 Stunden Daytona	15	Porsche 906 2 L	1. Kl., 6. Ges. / H.Linge	(Miles/Ruby, Ford)
26.03.	12 Stunden Sebring	52	Porsche 906	1. Kl., 4. Ges./ J. Buzzetta	(Miles/Ruby, Ford)
5.04.	1000 km Monza	28	Porsche 906	1. Kl., 4. Ges./ G. Mitter	(Surtees/Parkes, Ferrari)
08.05.	Targa Florio	200	Porsche 906 E	ausgef./ D. Glemser	(Mairesse/Müller, Porsche)
22.05.	1000 km Spa	11	Porsche 906 E	ausgef./ D. Glemser	(Parkes/Scarfiotti, Ferrari)
05.06.	1000 km Nürburgring	15	Porsche 906 E	ausgef./ D. Glemser	(Hill/Bonnier, Chaparral)
12.06.	Roßfeld-Bergrennen	3	Porsche 2 L Prot.	3. Platz	(Mitter, Porsche)
18./19.06.	24 Stunden Le Mans	31	Porsche 906 E	2. Kl., 5. Ges./ H. Linge	(McLaren/Amon, Ford)
26.06.	Mont Ventoux (F)	34	Porsche 2 L Prot.	2. Platz	(Mitter, Porsche)
10.07.	Trento - Bondone (I)	108	Porsche 2 L Prot.	2. Platz	(Mitter, Porsche)
17.07.	Norisring-Rennen	17	Willment-BRM 2 L	ausgef.	(Mitter, Porsche)
24.07.	Cesana - Sestrière (I)	591	Porsche 2 L Prot.	3. Platz	(Scarfiotti, Ferrari)
31.07.	Schauinsland	76	Porsche 2 L Prot.	ausgef.	(Mitter, Porsche)
07.08.	GP Deutschland, Nürburgring	28	Brabham 1 L F 2	4. Kl., 11. Ges.	(Brabham, Brabham)
14.08.	GP Hockenheim	3	Porsche 906	3. Platz	(Mitter, Porsche)
28.08.	Sierre - Montana (CH)	188	Porsche 2 L Prot.	3. Platz	(Scarfiotti, Ferrari)
04.09.	Gaisberg (A)		Porsche 2 L Prot.	2. Platz	(Mitter, Porsche)
11.09.	GP Österreich, Zeltweg	14	Porsche 906	1. Kl., 1. Ges./ G. Mitter	(Hans Herrmann)
02.10.	Tulln - Langenlebarn (A)		Porsche 906	1. Platz	(Hans Herrmann)
16.10.	1000 km Paris, Montlhéry	45	Porsche 906	ausgef./ U. Schütz	(Piper/Parkes, Ferrari)

1967

04./05.02.	24 Stunden Daytona	52	Porsche 910 2 L	1. Kl., 4. Ges./ J. Siffert	(Bandini/Amon, Ferrari)
01.04.	12 Stunden Sebring	37	Porsche 910	2. Kl., 4. Ges./ J. Siffert	(Andretti/Mc Laren, Ford)
25.04.	1000 Monza	16	Porsche 910	2. Kl., 5. Ges./ J. Siffert	(Bandini/Amon, Ferrari)
01.05.	1000 km Spa		Porsche 910	1. Kl., 2. Ges./ J. Siffert	(Ickx/Thompson, Ford)
14.05.	Targa Florio	218	Porsche 910	5. Kl., 6. Ges./ J. Siffert	(Hawkins/Stommelen, Porsche)
28.05.	1000 km Nürburgring	8	Porsche 910 2,2 L	ausgef./ J. Siffert	(Schütz/Buzzetta, Porsche)
0./11.06.	24 Stunden Le Mans	41	Porsche 907 2 L	1. Kl., 5. Ges./ J. Siffert	(Foyt/Gurney, Ford)
?.06.	12 Stunden Reims		Porsche 906 2 L	1. Kl., 3. Ges./ R. Buchet	(Schlesser/Ligier, Ford)
23.07.	Mugello		Porsche 910 2,2 L	ausgef./ J. Siffert	(Mitter/Schütz, Porsche)
30.07.	6 Stunden Brands Hatch		Porsche 907 2,2 L	3. Kl., 4. Ges./ J. Neerpasch	(Hill/Spence, Chaparral)
23.-26.08.	Marathon de la Route, Nürburgring	14	Porsche 911	1. Kl., 1. Ges./ J. Neerpasch/ V. Elford	(Hans Herrmann)
15.10.	1000 km Paris, Montlhéry		Porsche 910	1. Kl., 3. Ges./ U. Schütz	(Ickx/Hawkins, Ford)

Hans Herrmanns persönliche Erinnerungen:

»AN DEM TAG IN ASPERN BEI WIEN BIN ICH DREI RENNEN GEFAHREN: DEN 1000 TC, DEN 1000 GT UND DEN 2000 SPORT. ALLE DREI RENNEN HABE ICH GEWONNEN. DAMALS WAR IBN SAUD VON SAUDI ARABIEN UNTER DEN ZUSCHAUERN, DER SICH NATÜRLICH EINE EIGENE TRIBÜNE HAT BAUEN LASSEN. NACHDEM ICH DREIMAL GEWONNEN HATTE, HAT ER MICH AUF DIE TRIBÜNE GEHOLT UND MIR EINE WUNDERSCHÖNE UND NATÜRLICH SEHR WERTVOLLE ARMBANDUHR GESCHENKT. EIN UNVERGESSLICHER MOMENT. UND WER HAT SICH NATÜRLICH AUCH SEHR GEFREUT ÜBER DEN DREIFACHSIEG? CARLO ABARTH, WIE MAN AUF DEM BILD SIEHT, IST SICHTLICH ERFREUT, DASS SEINE DREI AUTOS GEWONNEN HABEN. SO FRÖHLICH HAT ER SELTEN GELACHT.«